당신의 삶에 열정을 불어넣고

삶의 목적을 찾을 수 있는

인생의 씨앗을 심으세요.


_____님께

_____

_____

_____

_____드림

# 씨드
The Seed

# 씨드

The Seed

2011년 10월 31일 초판 1쇄 발행
2012년  3월  1일 초판 7쇄 발행

지은이 | 존 고든
옮긴이 | 정향
펴낸이 | 양승윤

펴낸곳 | (주)영림카디널
　　　　서울특별시 강남구 강남대로 354 혜천빌딩
　　　　(전화) 555-3200 (팩스) 552-0436

출판등록 1987. 12. 8. 제16-117호
http://www.ylc21.co.kr

ISBN 978-89-8401-163-2  03320

*가격은 뒤표지에 있습니다.

「이 도서의 국립중앙도서관 출판시도서목록(CIP)은 e-CIP홈페이지(http://www.nl.go.kr/ecip)와
국가자료공동목록시스템(http://www.nl.go.kr/kolisnet)에서 이용하실 수 있습니다.
(CIP제어번호: CIP2011004300)」

# 씨드

## JON GORDON

존 고든 지음 | 정향 옮김

영림카디널

어떤 농부가 당신에게 한 알의 씨앗을 주면서, 그것이 당신에게 인생의 목적을 보여줄 수 있을 테니 가장 적당한 장소를 찾아 심으라고 한다면 어떻게 하시겠습니까?

당신이라면 이 도전에 응하시겠습니까?

자신의 목적을 찾는 여정을 시작하시겠습니까?

이것은 이 책의 주인공인 조시 앞에 놓인 도전입니다. 그리고 이것은 우리 모두가 접하게 되는 선택이기도 합니다.

우리는 삶을 살아가면서 목적이 없이 헤맬 수도 있고, 더 의미 있고, 보람을 느끼며 신명나는 삶을 만드는 목적과 열정을 지니고 살아갈 것을 결심할 수도 있습니다.

제 바람은 이 책을 읽고 당신이 자신의 삶과 일에서 열정과 행복, 그리고 풍요로움을 성장시킬 목적의 씨앗을 심는 일을 시작하는 것입니다.

부디 당신 자신의 삶의 목적을 찾으시길 바랍니다.

－존 고든

차례
*contents*

한국의 독자에게 드리는 편지  7

1장  2주 간의 휴가  11

2장  길을 잃다  17

3장  더 높은 시각  28

4장  꿈  37

5장  발견을 위한 길  41

6장  집으로  45

7장  행복  52

8장  달마  57

9장  대학교  61

10장  하나의 노래  64

11장  긍정적인 관점  73

12장  개에게도 목적이 있다  81

13장  식당  84

14장  서비스 정신  90

15장  과거로부터의 선물  95

16장  새로운 기회  97

17장 조지와의 만남  103

18장 결정의 순간  119

19장 신의 완벽한 타이밍  122

20장 목적 과정  125

21장 목적의 네 가지 단계  131

22장 Y-단계  143

23장 뛰어난 사람  146

24장 성장  152

25장 시험  156

26장 잊을 수 없는 꿈  160

27장 극복  162

28장 차이를 만들다  164

29장 이름이 무엇을 의미하는지  167

30장 풍요  169

31장 모든 것을 위한 계절  177

32장 수확  184

THE
Seed

# 1장
# 2주 간의 휴가

조시는 발로 가속 페달을 밟으며 시골길을 내
달리고 있었다. 그는 라디오 소리를 키우고 창을 연 채로 운
전하기를 좋아했다. 사실, 그가 더 좋아하는지, 그가 키우는 달마
라는 개가 더 좋아하는 것인지 알 수 없었다. 달마는 얼굴에 와
부딪는 강한 바람도 개의치 않고, 창밖으로 머리를 내놓고 귀
를 펄럭이며 신선한 시골 공기 냄새를 즐기고 있었다. '세상 천지
에 걱정이 없겠지.' 조시는 달마를 힐끗 보고는 고개를 가로저으
며 생각했다. '일 걱정도 없고, 직장 상사 걱정도 없고, 월급 걱정
도 없잖아. 몰입이나 집중이나 취직 걱정도 없고 말이야. 참 팔자
도 좋지.'

조시와 달마는 집과 직장이 있는 도시로부터, 조시의 문제와 골칫거리로부터 멀리 떨어져 있었다.

창밖으로 머리를 내밀고 어제 있었던 일을 모조리 잊어버릴 수 있다면. 시간을 되돌려 아버지의 조언을 들을 수 있다면. 지금과는 다른 기분이었다면.

"내가 너였으면 좋겠다!" 조시는 달마를 향해 크게 소리 내어 말했다. 그 목소리를 들은 달마는 귀를 쫑긋 했다. 달마는 햇빛과 신선한 시골 공기보다는 주인의 말이 더 중요하다는 것을 보여주기라도 하듯, 고개를 돌려 조시를 바라보았다. 조시는 그런 달마를 보고 웃어주었다. 조시의 말을 다 알아듣는 것이 분명했다. 산책을 하든, 차로 드라이브를 하든, 집에 앉아 있든. 달마는, 조시가 '아이디어' 방에서 브레인스토밍을 할 때 말해주는 창의적인 아이디어를 이해했다. 조시가 침대에서 책을 읽을 때, 풀리지 않는 인생의 의문을 털어놓을 때도 귀 기울여 들어 주었다. 조시가 마음속 깊은 곳의 두려움에 대해 이야기할 때는 조시의 무릎에 머리를 가만히 올려놓았다. 달마는 조시의 생각뿐만 아니라 마음도 알고 있었다. 조시는 목적지를 향해 달리며, 마음의 소리를 달마에게 털어놓을 수 있었으면 했다.

길 한쪽에 서 있는 표지판을 보니, 목적지인 농장이 몇 킬로미터 남지 않았다. 그는 친구들을 만나길 고대하고 있었다. 친구들이 재미있는 하루를 보내자고 제안했었다. 그는 옥수수밭 미로를 본 적이 없었기 때문에 어떤 곳인지 도저히 상상이 되지 않았지만, 자괴감에 빠져 집에 앉아 있는 것보다는 나을 것이라는 생각이 들었다.

다른 사람들이 모르는 사실을 친구들만큼은 알고 있었다. 조시의 인생이 겉보기처럼 완벽하지 않다는 사실을. 물론 좋은 집이 있었고, 평판이 좋은 회사에 다니고 있었으며, 밝은 미래도 있었다. 그런데 무언가 빠져 있었다. 이제 출근하는 것이 재미가 없었다. 그렇다고 지금 하는 일이 싫어 진 것은 아니었다. 다만 예전과 같지 않을 뿐이었다. 이 사실을 모두가 눈치 채고 있었다. 그러다가 직장 상사가 어제, 그 많은 요일 중 하필 금요일에, 조시를 사무실로 불러서 이야기를 한 것이다.

"자네는 내가 5년 전에 채용한 사람과는 전혀 다른 사람이야." 직장 상사인 마크가 말했다. "그때 자네 뱃속에선 불이 타고 있었지. 열정적이고, 아이디어와 에너지가 넘쳤고 말이야. 그런데 지금은 여기 있고 싶어 하지도 않는 것 같아. 왜 그러는 건가?"

조시는 상사의 눈을 바라보고 싶지 않아서 바닥을 내려다보고 서 있었다. 그의 말이 맞다는 것을 알고 있었지만, 그것을 말로 들으니 덜컥 실감이 나기도 했고, 나쁜 짓을 하다 들킨 듯이 부끄 러웠다. 조시는 머리를 들고 고개를 가로저으며 말했다. "저도 모 르겠어요. 답을 드릴 수 있으면 좋겠는데, 그럴 수가 없네요. 그냥 요즘에는 의욕이 없어요. 이유는 모르겠어요. 그냥 없어요." 본심 을 털어놓아도 괜찮은 것인지 모르겠지만, 그가 받은 가정교육과 경험에 따르면 솔직한 대답이 늘 최고의 대답이었다. 어차피 얼 굴에도 항상 본심이 드러났을 것이고, 지난 한 해 동안의 신체 언 어를 통해 많은 것이 드러났을 것이다.

상사가 대답했다. "흠, 알다시피 우리가 하는 일에는 열정이 아주 중요하지. 열정이 없으면 우리는 남들과 다를 바가 없어. 그 냥 평범해지는 거야. 나와 우리 회사, 그리고 우리 고객은 그 정 도로 만족할 수 없어."

"저를 해고하실 건가요?" 조시가 물었다. 조시는 열두 살 때 팔이 부러져 병원에 갔던 일을 늘 기억하고 있었다. 의사가 걸어 들어와 엑스선 사진을 보더니, 바로 그의 팔을 붙잡고 잡담을 하 기 시작했다. 그 다음 순간, 아무런 경고도 없이 '찍' 하고 소리가 났다. 의사가 부러진 뼈를 맞춘 것이다. 그 후로 조시는 아프거나 불편한 순간을 최대한 빨리 넘겨 버리는 습관이 생겼다.

"열정이 없으면 우리는 남들과 다를 바가 없어.
그냥 평범해지는 거야."

"그건 아니야." 마크가 고개를 저으며 답했다. "아직은 자네를 포기할 생각이 없어. 자넬 놓아주기엔 자네에게 투자를 너무 많이 했지. 자네 역시 지금 포기하기엔 회사에 투자를 너무 많이 했고 말이야. 전에도 비슷한 일이 있어서 아는데, 자네에겐 휴식이 필요한 것 같아. 그러니 이렇게 하지. 자네한테 2주를 주지. '2주 전 통보'가 거꾸로 된 거라 생각하게. 나는 2주 후에 자네를 해고 하는 게 아니라, 다시 고용하고 싶네. 말하자면 새 출발이지. 유급 휴가를 2주 줄 테니 정말, 진짜로, 기필코 회사에 머물고 싶은지를 생각해봐. 2주 후에 이 회사가 자네가 있을 곳이 아니라고 판단한다면, 실망스럽긴 하겠지만 적어도 우리 둘 다 이제 옮겨 갈 때가 왔고, 굳이 아닌 척할 필요가 없다는 걸 알게 되겠지. 간 단한 문제야. 여기 있으면서 110퍼센트를 투자할 것이냐, 한때 여기서 불살랐던 그 불씨에 다시 불을 지펴줄 다른 일을 찾느냐지."

"받아들일 텐가?" 마크는 조시와 악수하려고 손을 내밀며 물었다. "예." 조시는 이렇게 대답한 후 그와 악수를 하고 웃어야 할지 울어야 할지 모를 심정으로 걸어 나갔다. 장래를 결정하기 위한 유급 휴가를 2주나 받으면 사람들은 대부분 좋아하겠지만, 조시는 그저 두려울 뿐이었다.

## 2장
# 길을 잃다

농장 입구로 들어서며 전날 직장 상사와 나눈 대화를 떠올리자, 조시는 그때와 똑같이 마음이 무거워졌다. 차라리 해고되는 편이 나았겠다 싶었다. 적어도 그러면 자기가 결정을 내릴 필요는 없으니까. 문득, 토요일인 그날이 휴가의 첫날이라는 생각이 들었다. 상사에게 답을 해야 하는 날까지 아직 2주가 고스란히 남아 있었던 것이다. 그때까지는 결정을 해야 하겠지만, 오늘 할 필요는 없었다. 오늘은 아무 결정도 하고 싶지 않았다. 오늘은 그냥 모든 걸 잊고 즐기고 싶었다.

농장은 생각보다 넓었다. 농가와 옥수수밭 미로의 입구가 있는 곳에 이르기 위해 조시가 달리고 있는 길고 구불구불한 길을 따라, 기다란 옥수숫대가 촘촘하게 자라고 있었다. 농가 앞에 도착한 그는 주차를 하고, 달마가 엎드려 잘 수 있게 차 안에 담요를 깔고, 10월의 시원한 시골 공기를 즐길 수 있게 창문을 조금 열어 두었다. 그러고는 입장료를 내고, 입구 옆에서 그를 기다리고 있던 친구들에게 인사를 하러 뛰어갔다. 도중에 프로펠러 비행기를 타고 미로와 시골 풍경을 하늘에서 보려고 줄을 서서 차례를 기다리는 사람들을 지나쳤다. '인생은 그럴 수가 없지.' 조시는 생각했다. '내가 타는 비행기는 땅콩과 프리첼 과자, 음료를 주는 승무원과 조종사가 있는 제트기뿐이야.'

조시는 친구들을 발견했다. 그들은 서로 얼싸안고, 손바닥을 마주치고, 악수를 했다. 그들은 누가 미로에서 가장 먼저 빠져 나올지 내기를 한 후에, 경주를 시작하려고 줄을 섰다. 얼마 지나지 않아 조시와 친구들은 헤어지게 되었다. 미로에는 막다른 길, 갈림길, 오솔길과 선택을 해야 하는 길이 아주 많았기 때문이었다. 길이 두 개로 갈라지는 갈림목에서, 왼쪽 길을 택하는 친구도 있었고 오른쪽 길을 택하는 친구도 있었다. 이렇게 갈림길이 이어지다 보니, 결국 친구들과 완전히 헤어진 조시는 혼자 미로를 헤매게 되었다.

조시는 아주 어렸을 때부터 길을 잃는 것에 대한 두려움이 있었다. 그래서인지, 빽빽한 옥수숫대의 벽을 바라보고 서서 점점 더 불안해졌다. 왼쪽 길로 가야 하나, 오른쪽 길로 가야 하나? 왔던 길로 돌아가 다른 길로 가야 하나? 친구들에게 고함을 쳐야 하나? 그는 방향을 알려달라고 기도하기 위해 눈을 감았고, 눈을 떴을 때는 늙은 농부가 눈앞에 서 있었다. 긴 회색 머리와 회색 콧수염을 한, 키가 크고 비쩍 마른 농부였다. 깜짝 놀란 조시는 초조한 목소리로 농부에게 어디서 나타났느냐고 물었다.

"아, 미로에서 나왔네." 농부가 쉰 목소리로 말했다. "나는 이 농장 주인일세. 미로를 돌아다니면서 길 잃은 사람들이 길을 찾도록 도와주는 걸 좋아하지."

"잘됐네요." 조금 안심한 조시가 말했다. "저도 길을 잃었거든요. 도와주실래요?"

"그건 봐야 알지." 농부가 대답했다. "일단, 목적지가 어딘지 말해주겠나?"

"그야, 미로 출구로 가려는 거죠." 조시는 농부가 뻔한 질문을 한다고 생각하며 대답했다. "그게 어딘지 알았으면 벌써 도착했을 테고요."

농부는 심호흡을 하더니 웃어 보였다. "조시, 미로 얘기가 아니네. 인생 얘기지. 인생의 목적지가 어디인지 알고 있나?"

조시는 초조하게 주변을 둘러보며 생각했다. '어떻게 이 사람이 내 이름을 알지?' 그는 주변에 친구들이 숨어 있는지, 몰래 카메라가 있는지 살폈다. 친구들이 장난을 치는 것이 분명했다. 그가 위기를 겪고 있다는 것을 알고, 우울한 기분을 날려주려고 짓궂은 장난을 하고 있는 것이 분명했다. 그것만큼 좋은 방법이 없을 테니까. 그는 친구들의 이름을 불렀지만, 옥수숫대 가운데서 아무도 나오지 않자 기분이 이상해졌다.

"아직 질문에 답하지 않았네." 농부가 희미한 미소를 띠고 조시를 바라보며 말했다. "인생의 목적지가 어디인지 아느냐고 물었네."

조시는 뒤로 조금 물러섰다.

"제 이름을 어떻게 아시죠? 저한테 왜 이런 질문을 하시는 겁니까?" 마음이 더 불편해진 조시는 강한 말투로 물었다.

"나는 이 미로에 오는 사람을 모두 알고 있네." 농부가 안심시키려는 듯 말했다. "나는 길 잃은 사람을 아주 많이 봐서, 척 보면 알아볼 수 있지. 자네 역시 길을 잃고 헤매고 있군. 하지만 걱정할 일은 아니야. 자네 같은 사람들이 수백만 명 있거든. 사람들은 뭔가를 찾아 이 미로에 오지. 직업과 배경, 연령은 천차만별일

20

세. 꿈의 직업을 찾아오는 사람도 있지. 즐거움과 행복을 찾아오는 사람도 있고. 또 일에서 의미를 찾으려고 오는 사람도 있네. 역경과 마주해서 의심과 불안에 시달리는 사람도 있지. 이들은 모두 답을 찾아 헤매면서, 누군가가 다음에 할 일을 말해주길 바라지. 그러다가 나를 만나고, 그러면 나는 그들이 원하는 인생을 만들어가는 데 필요한 교훈을 이 미로에서 얻을 수 있다고 말해준다네. 아까도 말했지만 나는 사람들이 길을 찾도록 도와주거든. 내 말을 들으면, 미로를 빠져나가는 방법뿐 아니라 인생의 방향도 찾을 수 있을 걸세."

조시는 노인의 얼굴을 살폈다. 그 얼굴에는 왠지 평화롭고 차분한 데가 있었다. 조시는 입장권을 판매하던 부스에 이름과 주소를 남긴 기억이 났다. 그것을 보고 이름을 알았을 것이다. 이 노인이 미로를 빠져나가는 방법만 알려준다면, 열심히 들을 용의가 있었다. 하지만 지금 이 순간, 삶의 방향은 당장의 관심사가 아니었다.

"알겠어요. 말씀해주세요."

"자네는 목적을 모르기 때문에 길을 잃은 거라네!" 농부가 소리쳤다. "목적이야말로 우리의 인생에 방향을 부여하는 궁극의 안내 체계지. 목적은 열정에 불을 지펴주고, 그 열정은 우리에게 꿈을 좇을 수 있는 자신감과 활력을 불어넣어 주지. 목적 없이 사는 것은, 바람에 날리는 먼지처럼 정처 없이 삶을 떠도는 것이라네. 마치 죽은 자가 일어나서 산 자들 사이를 배회하는 것과 같지. 하지만 목적을 찾으면, 세상이 굴러가게 하는 힘을 찾을 수 있다네. 존재 이유를 찾는 거야. 자네가 가야 하는 길을 찾게 되고, 그 길을 잘 따라가는 데 필요한 열정을 찾게 된다네."

"그러면 그 목적이란 건 어디서 찾죠?" 조시가 물었다. 열정과 목적이라는 단어를 듣고 나니, 농부의 말에 조금 흥미가 생긴 것이다. 바로 전날 밤 조시는 눈을 감고, 삶의 목적을 알고 그 목적을 위해 살게 해달라고 기도를 드렸었다. 오랫동안 잊고 있었던 기도문이었다. '당신의 목적을 위해 저를 사용하십시오. 제가 저의 목적을 이룰 수 있게 이끌어 주십시오.' 그리고 지금 여기서, 생판 모르는 사람과 옥수수밭 미로에서 목적에 대한 이야기를 하고 있는 것이다. 어리석었던 것이다. 그가 좋아하는 노래 제목처럼, 신께서 이루시는 일은 참 오묘하다.

조시가 말을 이었다. "저는 대학을 졸업하고 첫 직장에 취직했을 때 목적을 찾은 줄 알았어요. 그런데 지금은 모든 게 의문스럽네요. 직장도, 지난날의 판단도, 미래도요. 아저씨 말씀이 맞아요. 저는 길을 잃었어요."

"이 씨앗을 어디에 심어야 할지 알아내면,
목적을 알게 될 거라네."

"이제는 그렇지 않을 거야." 농부는 이렇게 말하고는 주머니에서 씨앗을 하나 꺼내 조시에게 주었다. 씨앗을 손바닥에 올려놓고 한동안 바라보다가 조시가 물었다. "이게 무슨 씨앗이죠?"

농부는 잠시 조용히 있더니 씨앗을 가리키며 말했다. "이 씨앗을 어디에 심어야 할지 알아내면, 목적을 알게 될 거라네."

조시는 마뜩찮은 눈빛으로 씨앗을 바라보았다. "어떻게 이 씨앗을 심으면 목적을 알게 된다는 거죠?"

"나도 어떻게 해서 되는 건지는 모른다네." 농부가 대답했다. "그렇게 된다는 것만 알 뿐이지. 삶의 수수께끼 중 하나라네. 기적을 믿으면 더 많은 기적을 보게 되는 기적. 상상이 현실을 낳는 그런 기적 말일세. 내게 씨앗을 받은 수백 명의 사람들은 목적을 발견했지. 나를 찾아와서 그렇게 말했다네. 자네도 목적을 발견하면 내게 말해주러 와주면 좋겠네."

"제가 씨앗을 어디 심을지 찾지 않겠다면 어떻게 되죠?" 조시는 다른 길이 있기를 바라면서 물었다.

"그러면 목적을 찾을 수 없다네." 길은 하나뿐이라는 것을 안다는 듯 농부가 말했다. "모든 사람은 목적을 찾기 위해 먼 길을 떠나야 하지. 목적이야말로 인생에서 가장 중요한 것이고, 목적을 좇지 않는다면 다른 모든 것은 의미가 없어진다네. 물론 쉬운 여정은 아니지. 수수께끼와 난관, 장애물, 막다른 길로 가득하겠지. 이 미로처럼 말일세. 하지만 길을 따라가며 실수로부터 배우고, 포기하고 싶을 때조차 계속 앞으로 나아간다면, 언젠가는 씨앗을 심을 곳을 찾을 수 있을 걸세."

"그러면 어디서 시작해야 할까요? 전혀 감이 안 잡히는걸요." 호기심이 동한 조시가 물었다.

"모든 인식이 존재하는 곳에서 출발하게. 즉, 마음에서 출발하란 말이지. 그러나 인식을 조심하게. 인식은 목적을 찾는 여정을 떠난 자네에게 장난을 치고 거짓말을 하기도 하지. 하지만 마음은 절대 거짓말을 하지 않는다네. 마음은 자네의 존재 이유를 알지. 자네가 어디로 가야 하는지, 무엇을 해야 하는지 알지. 그 소리를 듣기만 하면 된다네. 마음의 소리를 따라가면서 한편으로는 신호를 찾게."

"신호라니요?" 조시는 최근 자신의 마음이 그리 솔직하진 않았다고 생각하며 물었다.

농부가 대답했다. "삶을 이끌어주시는 은총의 신호 말이네. 이런 신호를 보면 어느 길을 택해야 할지 알 수 있지. 형태는 아주 다양하다네. 모르는 사람의 조언이나 꿈일 수도 있고, 갑자기 깨달음을 얻는 순간일 수도 있고, 노래나 텔레비전 방송, 책일 수도 있고, 심지어는 길 한쪽에 서 있는 대형 광고판일 수도 있지. 이런 신호를 열린 마음으로 받아들이고, 신호를 적극적으로 찾고 따른 다면 우리를 올바른 방향으로 이끌어준다네. 더 열심히 찾고 믿을수록 더 많이 눈에 들어오지."

조시는 미소를 지었다. 신호에 대해서라면 알 것 같았기 때문이다. 아버지가 항상 신호에 대한 이야기를 하곤 했고, 조시 역시 평생 동안 많은 신호를 보았다. 십대였을 때 해변을 걸으며 신호를 보여 달라고 기도하면, 그 순간 갑자기 갈매기 떼가 머리 위로 날아가곤 했다. 또 시계와 휴대전화에서 가끔씩 11:11과 1:11을 보았는데, 그럴 때면 그날 일이 잘 풀리리라는 것을 알 수 있었다. 그냥 우연이라 치부하기에는 너무 자주 일어났다. 그 동안 인생에서 중요한 결정을 내릴 때 신호가 큰 도움을 주고는 했다. 그러나 최근에는 신호의 존재를 잊고, 신호 찾기를 멈추고 있었다.

농부가 말을 계속했다. "목적을 찾는 여정은 장대한 게임과도 같다네. 규칙을 알고 나면 흥미진진한 모험이 되지."

모험과 게임이라는 두 단어가 조시의 머릿속에 남았다. 그는 삶이 모험이라고 생각했다. 삶은 의무가 아니라 선물이라고 생각했다. 그러나 최근에는 게임 같다는 느낌이 들지 않고, 숙제 같다는 느낌이 들었다. 또한, 농부의 말을 믿었는데도, 게임을 하거나 모험을 떠날 힘이나 의욕이 자신에게 남아 있는지 알 수 없었다.

농부가 조시의 마음을 읽기라도 한 듯이 대답했다. "게임을 하고 있다는 느낌이 아니거나 게임을 시작했는데도 찾아 봤자 헛수고일 것 같아 관두고 싶다면, 한 가지만 기억하게. 목적을 찾고자 하는 의욕이 있다는 건 곧, 목적이 존재한다는 것이네. 목적이 존재하지 않는다면, 자네뿐 아니라 왜 그렇게 많은 사람이 목적을 찾아 헤매겠는가? 뭔가를 찾는다는 것 자체가 곧, 그것이 존재한다는 뜻이지. 그러니까 포기하지 말고 게임을 하게. 마음을 따라, 신호를 따라 가다 보면 씨앗을 어디에 심어야 할지 알 수 있을 걸세." 이렇게 이야기를 한 농부는 미소와 함께 덧붙였다. "참, 가기 전에 한 가지 더 말해줄 게 있다네."

"뭡니까?" 조시가 좀더 심오한 조언을 기대하며 물었다.

"미로에서 나가려면 이 오른쪽 길을 따라가게. 그러면 출구에 도착하게 될 테니. 난 이제 길 잃은 사람을 몇 명 더 도와야 한다네. 꼭 다시 와서 내게 이야기를 해주게." 농부가 왼쪽 길로 사라지면서 소리쳤다.

# 3장

# 더 높은 시각

누군가에게 씨앗을 심으면 인생의 목적을 찾을 수 있다는 말을 듣는 것은, 매일 있는 일이 아니다. 조시는 이상한 일이라고 생각했고, 친구들이 알면 더 이상하게 생각하리라는 것도 알았다. 친구들은 벌써 조시를 걱정하고 있었기 때문에, 자기가 미쳐가고 있다고 생각하게 하고 싶지는 않았다. 그래서 친구들에게는 농부를 만난 이야기를 하지 않기로 했다.

그들은 건초 마차를 타고, 호박을 조각하고, 농가 옆에 놓인 흔들의자에 앉아 쉬면서 나머지 오후 시간을 보냈다. 달마도 농장 주변을 뛰어다니며 즐거운 시간을 보냈다. 늙은 농부와 한 번 더 이야기를 나누고 싶었던 조시는 친구들이 모두 떠날 때까지 남아 있었다. 그러나 농부는 어디에도 보이지 않았고 몇 시간 뒤면 해가 질 것 같았다. 도시로 돌아가야겠다고 생각한 조시가 달마와 함께 차로 향하는 길에 프로펠러 비행기와 조종사가 있는 곳을 지나쳤다. 줄을 서서 기다리는 사람들은 이제 없었지만, 휘발유 냄새는 남아 있었다.

"오늘 저녁의 마지막 비행 어떠세요?" 조시가 옆을 지나가자 여자 조종사가 물었다. "비행하기에 아주 좋은 날이에요. 하늘은 맑고, 공기는 상쾌하고요. 이 정도면 거의 최고죠."

"괜찮습니다. 도시로 돌아가야 해서요." 조시는 달마의 머리를 쓰다듬으며 대답했다.

그러자 조종사가 말했다. "개도 함께 탈 수 있어요. 자리는 충분해요. 게다가, 저와 한번 비행을 하고 나면 찾고 있는 걸 발견할 수 있을 거예요."

조시는 갑자기 걸음을 멈췄다. 이 여자도 농부의 친구인가? 아니면 그냥 돈 버는 재주가 좋은 여자인가? "제가 뭔가를 찾고 있다는 걸 어떻게 알았어요?" 조시가 물었다.

"모두들 뭔가를 찾게 마련이죠. 사랑이든, 돈이든, 행복이든. 우린 모두 뭔가를 찾고 있어요. 그리고 저와 함께 저 하늘에 오르면, 자기가 찾는 것이 훨씬 뚜렷해져요. 제가 세상을 보듯이 세상을 보고 나면, 그 다음부터는 세상을 보는 방식이 완전히 바뀔 거예요. 그러니까, 뭘 찾고 있는지 얘기해 보세요." 조종사가 말했다.

"목적을 찾고 있어요." 조시는 여자를 놀래주려는 생각에 툭 내뱉었다. "그것도 더 뚜렷하게 볼 수 있게 해줄 수 있어요?" 그는 비꼬듯 말했다.

"그럼요. 할 수 있죠." 조종사가 대답했다. "올라타서 직접 확인하세요."

그 말의 내용 때문이었는지 말투 때문이었는지는 모르겠지만, 조시는 무엇인가에 홀린 듯이 비행기에 올라탔다. 이런 비행기에 타게 되리라고는 정말 상상도 못했다. 그런데 지금 이렇게, 흥분해서 안절부절 못하는 달마를 데리고 이륙 준비를 하고 있었다. 조종사는 엔진에 시동을 걸고 먼지투성이 활주로를 따라 속도를 내기 시작하면서, 조시와 달마를 돌아보았다. "그래요. 목적을 찾고 있을 때는, 잠시 멈추고 떠올라서 새로운 시각으로 세상을 보는 게 중요하죠."

눈을 감고 있었던 조시는 비행기가 하늘 높이 올라감에 따라 심장이 뛰는 것을 느꼈다. 엔진이 내는 높은 소리가 귀를 때렸고,

프로펠러의 진동을 고스란히 느끼며 비행기를 타고 날아가는 동안 시원한 공기가 얼굴에 와 부딪혔다. 눈을 뜨고 싶었지만 뜰 수가 없었다. 고소공포증이 있을 뿐만 아니라, 작은 비행기를 타면 엔진이 고장 날까 봐 무서웠다. 추락해서 산산조각이 날까 봐 두려웠다.

"눈을 감고 있으면 세상을 새롭게 바라볼 수가 없어요. 눈을 뜨지 않으면 목적을 찾지도 못할 거예요. 눈을 감고 사는 사람들이 있다니 참 놀라운 일이죠. 두려움 때문에 눈이 멀어서, 자기 주변에 널려 있는 기적과 아름다움, 기회를 보지 못하는 거예요."

조시는 조종사의 말이 맞는다고 생각하며 고개를 저었다. 두려움에 지고 있는 것이었다. 그가 잘하는 한 가지가 있다면, 바로 두려움을 이기는 것이다. 조시가 용기를 내서 눈을 뜨자, 평생 본 것 중 가장 아름다운 해넘이 장면이 눈에 들어왔다. 태양이 이렇게나 크고, 붉고, 아름다워 보인 것은 평생 처음이었다. 마치 자신을 위해 그림을 그려놓은 것 같았고, 손을 내밀면 만질 수 있을 것만 같았다. "정말 아름답지?" 조시는 자동차 타는 것보다 비행기 타는 것을 더 즐기고 있는 달마를 향해 소리쳤다. 비행기 앞쪽을 바라보자, 시야에 들어오는 것이라고는 푸른 하늘과 구름 몇 점밖에 없었다. 아래를 내려다보자 옥수수밭 미로가 보였다. 입구

"인생이라는 미로를 헤쳐 나갈 때도
항상 이렇게 높은 데서 바라볼 수 있다면 얼마나 좋을까요."

와 구불구불한 길, 길을 잃어버렸던 지점과 미로를 빠져나온 출구까지 다 보였다. 너무 작고 너무 쉽게만 보였다. 그곳에서 길을 잃고 불안해했던 자신이 우스웠다. "우와. 여기서 보니 전혀 달라 보이네요." 그는 조종사에게 소리쳤다. "오늘 미로에서 길을 잃었었는데, 지금 보니까 어디서 막혔었는지, 어느 길로 가야 했는지 훤히 보여요."

조종사도 소리쳐 대답했다. "그렇다니까요. 여기서 보면 모든 게 뚜렷해져요. 나는 조종사 일이 좋아요. 미로 위를 날 때마다 신께서 우리에게 바라시는 세상에 대한 관점을 생각하게 되니까요. 당신이 비행기에서 미로를 내려다보는 것처럼, 신께서는 당신의 시작과 중간, 끝을 보고 계세요. 길을 잃은 것 같지만, 신께서는 당신이 어디서 출발했는지, 지금 어디 있는지, 어디로 가야 하는지 알고 계시죠. 높은 관점에서 매사를 바라보면 큰 그림이 뚜렷이 보여요."

"인생이라는 미로를 헤쳐 나갈 때도 항상 이렇게 높은 데서 바라볼 수 있다면 얼마나 좋을까요." 조시가 소리쳤다.

"할 수 있어요. 그렇게만 하면, 당신을 목적지로 데려다 줄 길이 있다는 믿음을 갖고 앞으로 나갈 수 있죠. 목적지에 도달하도록 이끌어 달라고 기도만 하면 돼요."

그러자 조시는 미로를 빠져나오는 길을 찾을 수 있게 자신을 이끌어 준 농부가 생각났다. 농부는 신호를 찾으라고 말했다. 하지만 신호가 그렇게 분명하지 않을 때는 어떻게 해야 할까? 기도를 했는데 답을 얻지 못한다면, 혼자서 인생을 헤쳐 나가고 있다는 느낌이 든다면 어떻게 해야 할까? 그는 미로를 내려다보면서 목적에 대해 다시 생각해 보았다. 미로를 다른 관점에서 보고 있지만, 목적이 더 뚜렷해 보이지는 않았다. 씨앗을 어디에 심어야 할지 여전히 감이 오지 않았고, 미로를 본다고 해서 결정하는 데 도움이 될지도 의심스러웠다. 그는 조종사에게 소리쳤다. "좋은 이야기이긴 한데, 제가 비행기를 타면 제 목적이 더 뚜렷해질 거라고 했죠? 그런데 지금까지는 전혀 뚜렷해 보이지 않네요."

조종사는 소리 내어 웃었다. 몇 년 동안 비행을 하며 더 높은 사고와 관점에 대해 묵상을 한 조종사는, 남들이 보지 못하는 것을 볼 수 있게 된 것이다. "다시 미로를 내려다보세요. 이 위에서 보면, 미로에서와 마찬가지로 인생의 시작과 끝, 그리고 그 중간의 여로가 모두 서로 연결되어 있다는 걸 알 수 있어요. 그 세 가지 중에서 하나라도 빠지면 안 돼요. 목적을 더 뚜렷이 보려면, 앞으로 나가기 전에 먼저 뒤로 돌아가야 해요. 과거를 되새겨 보면 미래를 개척하는 데 도움이 될 실마리를 찾을 수 있을 거예요."

"이해가 안 돼요. 어떻게 과거를 보면 목적을 알 수 있다는 거죠?" 조시가 큰 소리로 말했다. 착륙을 준비하던 조종사가 소리쳤다. "일단 비행기를 착륙시키고 설명해 줄게요."

비행기는 부드럽게 착륙했고, 조시가 안도의 한숨을 내쉰 다음 모두 비행기에서 내렸다. 조종사가 조시를 이해시키려고 이야기를 해주는 동안 달마는 조시 옆에 서서 기다렸다.

"저는 텔레비전 토크쇼 진행자에 대한 글을 읽은 적이 있어요. 그녀는 젊었을 때 사람들을 웃기는 걸 좋아했대요. 그런데 시간이 흐르면서 점점 자신의 마음과 열정에 귀를 기울이기보다는, 이렇게 저렇게 살라고 잔소리하는 남들의 이야기에 귀를 기울이게 되었죠. 그녀는 마흔이 되고 고등학교 교사가 되고 나서야 파티에서 사람들을 웃기는 게 늘 자기 몫이라는 걸 알게 됐어요. 그래서 스탠딩 코미디를 하기로 했고, 결국은 방송 일을 하며 목적과 열정이 있는 삶을 살게 되었죠. 자신이 걸어온 길과 그 길을 걸으며 얻은 교훈에 대한 질문을 받자, 그녀는 열 살 때 하고 싶었던 일을 목표로 살아야 한다고 말했어요. 그때가 바로 남들 생각에 신경 쓰기 시작하는 나이거든요."

"그래서 과거를 살펴보면 열정에 대한 실마리를 얻을 수 있다

고 한 거예요. 과거로 돌아가면, 미래에 나아가야 할 방향을 찾을

수 있을 거예요."

# 4장
# 꿈

조시는 잠을 못 자서 고생한 적은 없었다. 몇 년 동안 영업 및 마케팅 활동을 마무리하느라 밤을 샜더니, 언제 어디서나 잠을 잘 수 있는 몸이 되었다. 일단 잠이 들면 무슨 일이 일어나도 깨지 않을 만큼 깊은 잠에 빠졌다. 하지만 그날 밤에는, 달마가 손을 핥는 감촉을 느끼고는 바로 잠에서 깼다. 그는 침대 머리맡의 탁자에 놓인 씨앗을 쳐다보고, 방금 꾸고 있었던 이상한 꿈을 생각했다. 꿈에서 조시는 책상 위에 놓인 화분에 씨앗을 심었다. 그러자 씨앗은 무럭무럭 자라나 사무실에 두기엔 너무 큰 식물이 되었다. 그래서 화분에서 식물을 파내 넓은 밭에 심었다. 거기서 한 무리의 사람들과 함께 나무가 천천히 자라나 결국 열매를 맺기 시작하는 모습을 바라보았다. 조시는 꿈속에서 사람들에게 소리쳤다. "무슨 뜻인지 알겠어요. 무슨 뜻인지 알겠다고요." 하지만 답을 미처 말하기 전에 달마가 그를 깨운 것이다.

조시는 탁자 위의 씨앗을 집어 들고 창가로 걸어갔다. 창문을 통해 도시가 약동하는 것을 보고 느낄 수 있었다. 새벽 두 시에도 도심의 거리는 사람과 차로 가득했다. '저 사람들은 그냥 도시에서만 뛰고 있는 것이 아니라, 인생에서도 뛰고 있는 거야.' 조시는 생각했다. '아마 저들 대부분은 자기 목적에 대해 전혀 모르고 있겠지. 목적에 대해 생각하지도, 목적을 찾지도 않겠지. 그냥 여기저기 뛰어다닐 뿐이야. 매달 월급 받는 재미로 살겠지. 매일 생존경쟁을 하고 있는 거야.' 안 봐도 훤했다. 얼마 전까지 자신도 그 사람들하고 똑같이 살고 있었기 때문이다. 상사의 최후통첩을 받고 농부, 그리고 조종사와 대화를 나눈 후, 자기 인생을 자세히 들여다보게 되었을 뿐.

이제 조시의 머릿속에는 씨앗과 목적에 대한 생각뿐이었다. 목적의 존재를 무시하고 바쁘게 살아가는 것이 나은지, 목적을 찾는 불편과 고생을 감수하는 것이 나은지 의문스러웠다. 하지만 지금 하는 일에는 이제 열정이 느껴지지 않는다는 데 생각이 미치자, 선택의 여지가 없구나 싶었다. 쉬운 삶보다는 의미 있는 삶을

어차피 인생에서는 하고 싶은 일만 할 수는 없었다.
필요한 일을 해야 하는 것이다.

살고 싶었다. 그는 손바닥에 놓인 씨앗을 바라보았다. 그 농부는 미친 사람일지도 모르지만, 그보다 더 이상한 대화를 한 적도 있고 그보다 더 놀라운 것도 본 적이 있었다. 그래서 농부의 말을 완전히 무시하지는 않았다. 게다가 시간이 많았기 때문에, 그 시간을 이용해 씨앗을 심을 곳을 찾아보는 것도 나쁘지 않을 것이라고 생각했다. 모험은 내키지 않았지만, 어차피 인생에서는 하고 싶은 일만 할 수는 없었다. 필요한 일을 해야 하는 것이다.

어차피 잃을 것은 전혀 없었다. 그리고 그 씨앗을 심을 곳을 찾으면 목적을 찾을 수 있을 것이고, 목적을 찾으면 지금 일을 계속 할 것인지 다른 일을 찾을 것인지를 결정할 수 있을 것이다. 상사에게는 답을 해야 했고, 조시는 자신의 목적을 찾아야 했다.

그는 여행 가방을 열어 옷을 챙기고, 달마의 물건을 집어넣고는 달마와 함께 차로 향했다. 고향 마을에 돌아가기로 한 것이다. 그곳이 씨앗을 심을 곳인지는 모르지만, 시작하기에는 괜찮은 지점인 것 같았다.

왜냐하면 조종사의 말처럼 과거를 보면 미래에 대한 실마리를 알 수 있을 것이고, 부모님과 이야기를 하고 싶기도 했으며, 솔직히 말하면 달리 갈 곳이 떠오르지 않았기 때문이기도 했다.

# 5장
# 발견을 위한 길

조시는 고속도로에서 대형 트럭과 나란히 달
리는 것이 싫었다. 하지만 불행히도 길에는 대형 트럭이
많았다. 한밤중에 차를 몰고 있자니 고등학교와 대학교 여름방학
때 밴드 친구들과 함께 했던 자동차 여행이 생각났다. 대단한 밴
드는 아니었지만 그럭저럭 괜찮았고, 조시는 리드 보컬이자 기타
리스트였다. 노래와 기타는 아버지의 교회에서 예배인도자 역할
을 하면서 배운 것이었다. 가족은 조시가 성직자의 길을 걷길 바
랐지만, 조시는 다른 일에 매력을 느꼈다. 처음에는 음악에, 그 다
음에는 경영계에 매력을 느낀 것이다.

조시의 친구들 중에는 아버지가 코치여서 코치가 된 친구도

있었고, 아버지가 회사를 운영하고 있어서 사업가가 된 친구도 있었다. 하지만 조시는 뭔가 다른 일을, 자기만의 일이라 할 만한 것을 하고 싶었다. 사람들이 부모와 형제를 따라 가업을 물려받는 것이 나쁘다고는 생각하지 않았다. 특히 자신도 좋아하는 일이라면 더욱 그렇다. 하지만 자신에게는 다른 길이 있다는 생각이 들었다. 그렇다고 성직자가 싫었던 것도 아니었다. 예배인도자를 했던 것은 아주 특별한 경험이었다. 조시는 성직을 좋아했고, 실제로 잘하기도 했다. 노래를 하고 악기를 연주했을 뿐만 아니라, 자신의 뜻을 전하는 데도 굉장히 뛰어났다. 변화를 이끌어 내고 사람들에게 감동을 주는 것이 좋았다. 아버지와 함께 설교에 활용할 창의적인 아이디어를 생각하는 것도 좋았다. 연설과 노래에 대한 반응을 바로 확인할 수 있다는 것도 좋았다. 그러니 조시가 성직자의 길을 걷지 않겠다는 결정을 내렸을 때 다들 놀란 것도 무리가 아니었다.

라디오를 크게 켜고 창문을 연 채 달리며 지난날을 되새기던 조시는 잘못된 결정을 내린 것인가 하는 생각이 들었다. 열 살 때 하고 싶었던 일을 해야 한다고 했던 조종사의 이야기가 생각났다. 자신의 강점과 재능을 생각해 보니, 역시 성직자에 알맞았다. 하지만 대학을 졸업하고 아버지가 정식으로 교회의 예배인도자가 되어 달라고 했을 때, 조시는 그것이 자신이 진심으로 바라는 삶이 아니라고 대답했다. 너무 편하고, 너무 안전한 삶일 것만 같았다. 경영 일을 하며 자신의 재능과 열정을 펼쳐 보이고 싶었다. 조시의 아버지는 그런 아들의 결정을 존중했고, 잠시 동안 음악가로 활동하던 조시는 결국 경영 쪽 일을 시작했다. 그때만 해도 흥분이 되고 자극이 되었던 일을 선택하고, 자신이 큰 기여를 할 수 있을 것 같은 회사를 선택했다. 그러나 몇 년이 지나자 새로운 느낌은 사라졌다. 영업 및 마케팅 활동 기획에 대한 열정은 기한을 지키고 목표로 정한 매출을 달성해야 한다는 압박감에 자리를 내주었다. 시장에서 재능을 펼쳐 보이겠다는 의욕은, 과연 내가 회사에 돈을 더 벌어주는 것 말고도 세상을 변화시키고 있을까, 하는 의구심으로 바뀌었다.

"내가 여기 온 건 이유가 있어서겠지, 달마야?" 조시는 달마에게 말했다. 달마는 그가 하는 말뿐만 아니라 그의 마음속을 스치고 있는 생각까지 듣고 있었다. 조시는 달마에게 "아무래도 네가 내 말과 생각을 이해하는 것 같아"라고 말한 적이 있었다. 그 말이 정말 맞았다. 달마는 조시의 생각과 말, 감정을 이해했다. 그가 언제 퇴근해서 집에 오는지, 언제 산책을 갈 것인지, 언제 드라이브를 갈 것인지 알았다. 조시의 습관을 알기 때문이 아니었다. 조시는 즉흥적인 성격이기 때문에 스케줄이 일정하지 않았다. 미래를 예견할 수 있기 때문에 아는 것이었다. 인간의 표현으로는 육감이라고 하지만, 달마에게는 개의 직감일 뿐이었다. 달마는 사람들이 생각하는 것보다 훨씬 똑똑했고 아는 것도 훨씬 많았다. 하지만 무시당하는 편을 좋아했다. 달마는 조시의 팔을 핥으며 사랑을 표현했다. 지금 조시에게 가장 필요한 것은 위안이라는 것을 알아차린 것이다.

"차차 알게 되겠지." 조시는 달마의 머리를 쓰다듬으며 말하고는, 대형 트럭을 세 대 지나쳤다. 이렇게 달린 지 얼마나 되었는지, 달이 지고 해가 떠오르고 있었다. 어둠이 빛에게 자리를 내주는 것을 보며 조시의 머릿속에는 수많은 의문이 떠올랐다. 목적지에 다가가면서 아버지가 답을 찾는 데 도움을 주시기를 바랄 뿐이었다.

# 6장
# 집으로

어머니의 포옹 같은 것이 또 있으랴. 아픔과 두
려움이 씻은 듯 사라지고, 아무리 힘들 때에도 위안이 된다. 어머
니에게 안겨 있으면 만사가 잘 풀릴 것 같은 생각이 든다. 조시는
현관에서 어머니와 얼싸안자 갑자기 눈물이 흘러내렸다. 쇼핑몰
에서 어머니와 헤어졌다가 가까스로 찾았던 어린 시절로 돌아간
기분이었다. 어머니는 지금도 그때와 똑같이 조시를 안고 있었다.
조시는 어떻게 사는지 어머니에게 이야기한 적이 없었지만, 그럴
필요가 없었다. 어머니는 말하지 않아도 아니까.

어머니는 조시의 손을 잡아끌어 부엌으로 데려가서는, 조시의
고민 이야기를 들으며 푸짐한 아침식사를 만들어 주었다. 나머지

식구들은 벌써 교회에 가서 일요 예배를 준비하고 있었다. 조시는 따뜻한 물로 한참 샤워를 하고 깨끗한 옷으로 갈아입은 후, 어머니와 함께 차를 타고 식구들을 만나러 갔다.

마지막으로 고향집에 와서 아버지의 교회를 찾은 후로 여섯 달이 흘렀다. 하지만 교회 건물에 들어서는 순간, 바로 어제 왔던 것처럼 느껴졌다. 조시는 세 번에 걸친 예배에서 똑같은 설교를 하면서도 변함없이 사람들에게 감동을 주는 아버지의 능력과 그 열정에 놀랐다. 오전 9시에 한 번, 오전 10시 30분에 한 번, 오후 5시에 한 번 설교를 했지만, 마지막 설교도 첫 번째 설교처럼 강력하고 열정적이었다. 조시는 큰형도 역시 연설을 할 때 대단한 힘을 발휘한다는 것을 알게 되었다. 전 세계의 노숙자와 병자, 빈민을 돕는 데 관심이 있는 형은 사람들에게 도움의 손길을 내밀도록 독려하며 세상을 변화시킬 수 있는 여러 가지 방법을 이야기해 주었다. 그는 아프리카에서 우물을 파서 사람들에게 깨끗한 식수를 공급한 이야기, 불황으로 큰 어려움을 겪는 가족을 도운 이야기, 매주 교회에서 수백 명의 노숙자에게 식사를 제공한 이야기를 했고, 도움과 격려와 말동무가 필요한 이웃을 찾아가는 활동에 대해 이야기했다.

조시는 자신이 초라해진 느낌이었다. '형은 정말 대단한 일을 하고 있어. 나는 사람들에게 무슨 도움을 주고 있지? 내가 세상을 변화시키고 있나? 사람들은 노숙을 하고 굶주리고 병이 들었는데, 나는 여기서 고작 일을 그만둬야 하나 말아야 하나 고민하고 있다니. 적어도 내겐 일자리가 있고, 선택의 여지가 있는데, 그런 사람들에게는 어떤 선택의 여지가 있을까?' 조시는 갑자기 시의 한 구절이 떠올랐다.

나는 신발이 없다고 울적해했네
거리에서 발이 없는 사람을 만났을 때까지

그날 저녁, 조시는 서재에서 아버지와 함께 앉아 있었다. 형제들은 각자의 식구와 함께 집으로 돌아갔고, 부모님 댁은 어머니가 부엌에서 요리를 하는 소리를 빼고는 고요했다. 아버지는 조시가 찾아와서 놀랐지만 기뻐하고 있었다.

"그래, 웬일로 집엘 다 왔니?" 아버지가 활짝 웃으며 물었다. "별일 없지?"

조시는 아버지에게 상사와의 대화, 씨앗을 준 농부와의 대화, 과거에서 실마리를 찾으라고 했던 조종사와의 대화에 대해 다 털어놓았다. 조시는 이 모든 것을 아버지가 전혀 이상하게 생각하지 않을 것을 알았다. 목사로서의 오랜 삶을 통해, 진실이 거짓보다 강하다는 것을 깨달은 분이었기 때문이다. 듣지 못한 이야기가 없고 보지 못한 것이 없었기에, 우리의 오감을 초월하는 힘을 믿는 분이었다. 보이지 않는 것이 보이는 것보다 더 중요하다고 생각하고, 기적이 2천 년 전에만 일어난 것이 아니라 바로 지금 지구상에서 일어나고 있음을 믿는 분이었다.

아버지는 조시의 이야기에 대해 생각하느라 잠시 말이 없었다. 그러고는 서가 근처로 걸어갔다. "내가 아는 게 있다면, 목적을 추구하기 위해서는 인생을 변화시켜야 한다는 거란다. 하느님께서 온갖 사람과 상황을 이용해 그 변화를 일으키시지. 네가 그 사람들을 만난 데는 이유가 있을 거란다, 조시. 그 이야기를 믿고 씨앗을 심을 곳을 찾아보는 게 좋겠구나. 내가 누누이 이야기하지만, 하느님께서는 가장 뛰어난 이를 선택하지 않으신단다. 가장 의지가 강한 이를 선택하시지. 네가 진심을 다해 목적을 찾고 하느님을 찾는다면, 그분께서 네 인생에 놀라운 변화를 일으키실 거다."

"저는 열심히 해볼 의지가 있어요, 아버지." 조시는 고개를 끄덕이며 말했다. "그런데 씨앗을 어디에 심어야 할지 전혀 감이 안 와요. 누가 답을 줬으면 좋겠어요. 일이 어떻게 풀릴지 다 알았으면 좋겠어요."

"얘야, 네가 답을 다 알고, 일이 어떻게 풀릴지 다 안다면 굳이 위험을 무릅쓸 필요가 없겠지. 앞으로 무슨 일이 일어날지 다 안다면 그게 어찌 모험이겠니. 하지만 모험을 통해 너는 더 강하고 더 현명하고 더 나은 사람이 될 수 있단다. 이 여정은 네 운명이야!"

"하지만 이 여정이 원래 여기서 시작되고 여기서 끝나게 되어 있는 건지도 몰라요." 조시가 말했다. "여기 교회에 아버지와 함께 씨앗을 심어야 하는 건지도 몰라요. 이게 제 목적인지도요."

아버지는 조시의 어깨에 손을 올렸다. "물론 그러면 나야 좋겠지만, 네가 내 꿈대로 살기를 바랄 순 없단다. 너는 네 꿈대로 살아야 해. 물론 네가 성직자 대신 경영 일을 하겠다고 말했을 때는 좀 실망하긴 했지. 하지만 그 후로 그 결정이 옳다는 걸 깨닫고 순순히 받아들였다. 주변 사람들의 시선과 기대에 부응하려고, 자신의 목적과 열정을 포기하는 사람이 너무 많단다. 그런 사람들은 자기 마음의 소리에 귀를 기울이기보다 사사건건 반대하고 부정하는 사람들의 이야기에 귀를 기울이지. 자신의 소명을 찾으려면 너를 방해하는 외부의 힘을 모두 극복해야 한단다. 넌 이 길을 가기로 선택했고, 나는 그게 그렇게 자랑스러울 수가 없다. 씨앗을 어디에 심어야 하는지는 나도 모르겠지만, 그게 여기가 아니라는 건 알 수 있다. 그리고 할 일이 더 있기 때문에 네가 여행을 떠나야 한다는 것도 알 수 있다. 지금의 위치가 네 마음에 안 드는 데는 이유가 있을 거란다. 그리고 그 씨앗을 심을 곳을 찾아내면, 그 이유도 알 수 있을 거라 믿는다. 나는 우연이라는 것이 없다고 생각하는 사람이야. 내 아들인 넌 우연히 생겨난 존재가 아니야. 나도 마찬가지고."

조시는 아버지의 말에서 위안을 얻었다. 몇 년 전까지는 늘 자신이 특별한 일을 하기 위해 태어났다는 느낌을 받았지만, 최근에는 두려움과 의심 때문에 하찮은 존재가 된 느낌이었기 때문이었다. 하지만 아버지의 생각은 달랐던 것이다.

"전에 지구에 대한 글을 기사로 읽은 적이 있단다. 지구는 대부분 뜨거운 액체로 이루어진 커다란 구체인데, 시속 약 1,600킬로미터로 자전하면서 태양 주위를 시속 약 10만 킬로미터로 공전하고 있다고 하더구나. 항공마일리지로 치면 하루에 240만 마일이야." 조시는 이 말에 웃음을 터뜨렸다. "게다가 지구와 태양 사이의 거리는 약 1억 5천만 킬로미터인데, 조금만 더 가까웠어도 너무 뜨거워서 생명이 살지 못했을 거라더구나. 조금만 더 멀었어도 너무 추워서 생명이 살지 못했을 거고. 아주 완벽한 거지. 우

리는 우연히 생겨난 게 아니라 조건이 맞아떨어졌기 때문에 생겨
난 거란다. 우리는 목적이 있어서 존재하는 거야. 내게도 목적이
있고, 네게도 목적이 있고, 모두에게 목적이 있지. 네가 목적을 찾
아 나섰다니 나는 더 기쁠 수가 없구나."

조시는 아버지를 껴안았다. 아버지에게는 매사를 이렇게 분명
하고 쉬워 보이게 하는 재주가 있었다. 이제 조시가 힘만 내면 된
다. 조시는 아버지에게 잘 주무시라고 인사를 하고, 부엌으로 들
어가 어머니에게도 인사를 했다. 그러고는 맛있는 요리 냄새를 뒤
로 하고, 달마와 함께 위층에 있는 자신의 방으로 올라갔다. 너무
지쳐서 먹을 수가 없었고, 너무 피곤해서 한 마디도 더 할 수가 없
었다. 그는 옷을 입은 채로 침대에 쓰러져 벽에 걸린 사진들을 바
라보았다. '저 사진에 담긴 지난날의 추억이 미래가 되지는 않을
거야. 집에 씨앗을 심지는 않겠어. 여행을 떠나야 해. 다음에 어디
로 갈지 결정하기만 하면 돼.'

# 7장
# 행복

다음 날 아침 조시는 잡지를 읽으며 소파에
앉아 있었다. 푹 자고 푸짐한 아침까지 먹으니 기분이 좋았
다. 부모님은 산책하러 나가셨고, 조시는 달마와 단 둘이 집에 있
었다. 조시는 각종 잡지와 신문을 읽는 것을 좋아했는데, 기사를
읽으면 일에 도움이 되는 통찰과 창의적인 아이디어가 문득문득
떠올랐기 때문이다. 한번은 소셜 미디어를 이용해 고객과 소통하
는 뉴저지의 '타코 트럭'이라는 작은 사업체에 대한 기사를 읽은
적이 있었다. 조시는 여기에 자극받아 회사가 내외부적으로 더 효
율적인 소통을 할 수 있게 하는 캠페인을 진두지휘했다. 다음 아
이디어가 어디서 튀어나올지 알 수 없는 것이다. 바로 그런 면이

일에 아직 흥미를 느끼는 이유였다.

조시가 페이지를 넘기자, 엎드려 있던 달마가 갑자기 뛰어올라 잡지에 코를 대고 눌렀다. 조시는 달마가 무릎으로 올라오려는 것이려니 했는데, 알고 보니 코로 잡지를 넘기려는 것이었다. 잡지의 중간쯤으로 페이지를 넘긴 달마는 다시 조시의 발 옆에 엎드리더니 그의 신발에 턱 하니 머리를 올렸다. 개들은 생각보다 많은 것을 안다고 하지 않았던가. 조시는 잡지를 내려다보고, 그것이 행복에 대한 기사라는 것을 알게 되었다. 구체적으로는 여러 기업이 마케팅 활동에 행복을 어떻게 이용하고 있는지를 다룬 기사였다. "그래, 내가 이걸 읽었으면 하는 거니? 그럼 읽을게." 조시는 자기 손을 핥고 있는 달마의 머리를 쓰다듬으며 말했다.

기사는 그 많은 기업들이 그렇게 '행복'을 팔고 있어도 일할 때 정말 행복한 사람은 몇 안 된다는 내용이었다. '공감되는 내용인걸' 하고 조시는 생각했다. "너도 내가 행복했으면 하는 모양이구나." 조시가 달마에게 말했다. 그러자 자기가 달마만큼 행복한가, 하는 생각이 들었다. 대답은 분명히 '아니다'였다. 그렇다면 달마만큼 행복했던 적이 있기는 했던가?

그렇다. 깊은 곳에서 대답이 들려 왔다.

그게 언제였지? 그는 자문했다.

그 순간 텔레비전이 켜졌다. 어떻게 켜졌는지는 알 수 없었다. 리모컨은 탁자 위에 놓여 있었던 것이다. 어쨌든 텔레비전은 켜졌고, 화면을 본 조시는 바로 그것이 자신을 위한 신호라는 걸 알아차렸다. 대학 시절에 가장 좋아했던 영화가 나오고 있었던 것이다. 기숙사에서 친구들과 텔레비전 앞에 둘러 앉아 이 영화를 보면서 '아, 이보다 더 좋을 수도 있을까?'라고 생각했던 기억이 났다.

그는 달마를 돌아보고 말했다. "그래, 나도 너만큼 행복했던 시절이 있었어. 대학 시절엔 행복했지. 대학교에 씨앗을 심어야겠어." 별 생각 없이 내뱉은 말이었는데, 자기 입에서 그 말이 나오는 것을 듣는 순간 이상한 기운이 몸을 타고 흐르는 느낌이 들면서 머릿속이 복잡해졌다.

달마가 행복에 대한 기사가 있는 페이지를 펼쳤다.
행복에 대해 생각하게 되었다.
대학 시절에 나온 영화를 보고 행복했던 시절이 떠올랐다.
농부가 신호를 찾으라고 했다.

달마가 장난을 치며 바닥에서 구르는 동안 조시는 달마의 배

"행복했던 곳을 찾으면 목적을 알 수 있는
실마리를 찾을 수 있을 거야."

를 문질렀다. 아주 오랜만에 힘이 솟는 기분이었다. 씨앗을 어디 심어야 하는지 알아낸 것이다. 이제 다 알 것 같았다. 가장 행복한 시절을 보냈던 곳에 씨앗을 심으면 되는 것이었고, 가장 행복했던 시절은 대학 시절이었다.

"행복했던 곳을 찾으면 목적을 알 수 있는 실마리를 찾을 수 있을 거야."

'교사나 교수가 되었어야 하는 건지도 몰라' 하고 조시는 생각했다. 빨리 가고 싶었다. 조시는 짐을 꾸린 후, 산책을 나간 부모님이 돌아오기를 기다렸다. 그러고는 부모님께 깨달음에 대해 말씀드리고, 달마와 함께 차에 올라 대학교로 가는 긴 여행을 시작했다.

# 8장

# 달마

달마는 다시 한 번 얼굴에 부딪히는 신선한 공기의 냄새를 즐기고 있었다. 모처럼 여러 곳을 돌아다니며 온갖 냄새를 맡을 기회였던 것이다. 한편으로 달마는 조시가 좋아하는 음악을 함께 듣고 있었다. 클래식, 팝, 하드 록, 클래식 록, 컨트리 등 다양한 장르가 섞여 있었다. 모두 조시가 좋아하는 곡이었다. 음악을 듣다 보면 자작곡 아이디어가 떠오르기도 했다. 나쁜 말이나 부정적인 표현이 들어 있는 곡을 들을 때면, 가사를 바꿔서 달마에게 불러줬다. 예를 들어, 애창곡인 '벽 속의 벽돌 하나(Another Brick in the Wall)'라는 노래를 부를 때면, '당신은 벽 속의 벽돌 하나가 아니야'라고 가사를 바꿔 불렀다. '아니야'라는 말을 넣는 것만으로 노래 전체의 뜻이 바뀌어 버리는 것이다.

달마는 노래에 담긴 의미를 좋아했다. 그래서 컨트리 음악을 가장 좋아했다. 노래 가사에 담긴 이야기가 좋았다. 컨트리 음악이 (물론 개를 포함해서) 모든 것을 잃은 사람들에 대한 슬픈 이야기를 담고 있다고 생각하는 사람이 많지만, 희망을 주는 곡도 아주 많았다. 달마가 가장 좋아하는 곡은 팀 맥그로의 '죽어가는 것처럼 살아라(Live Like You Were Dying)'였다. 인간은 한 번뿐인 인생을 최대한 즐기며 살아가야 한다는 것을 달마는 알고 있었다. 그렇기 때문에 조시가 고속도로에서 빠르게 차를 모는 것도 싫지 않았다.

조시가 말을 하는 개와 경주용 자동차를 모는 개 주인에 대한 책을 읽어준 이후로, 달마는 말을 할 줄 아는 개와 빠른 차를 모는 주인들을 존경하게 되었다. 물론 조시는 전혀 몰랐지만, 달마는 속으로 "더 빨리, 더 빨리"라고 말하고 있었다. 사실 달마에게는 어디로 가는지가 그리 중요하지 않았다. 차를 타고 달리는 것이 좋을 뿐이었다. 원래대로라면 지금쯤 조시가 운전하느라 진이 빠졌어야 하지만 오늘만큼은 그렇지 않다는 것을 달마는 알고 있었다. 조시가 5년 만에 대학에 가게 되어 얼마나 들떠 있는지 느껴졌다. 조시가 음악 소리를 줄이고 대학 시절의 추억을 이야기할 때 목소리에 묻어나는 행복감도 느껴졌다. 조시는 이야기하면 기분이 좋아진다는 것을 알고 달마는 그의 이야기에 귀를 기울였다.

조시는 달마에게 대학교에서 자기가 좋아했던 장소 중 씨앗을 심을 만한 곳을 모두 이야기했다. 공부를 하며 많은 시간을 보냈던 신입생 기숙사 밖의 벤치를 이야기했다. 평생 친구들을 사귀었던 학생회관 바깥의 마당도 고려해 보았다. 그곳에서 축구를 하고, 미래의 목표에 대해 이야기하고, 파티에서 음악을 연주하며 오랜 시간을 보냈었다. 또 졸업식 날 졸업장을 받은 운동장도 생각해 보았다. 모두 좋은 곳이었지만, 왠지 모르게 딱 맞는다는 느낌이 들지 않았다.

몇 분 동안 잠잠하던 조시는 달마에게 어디에 씨앗을 심을 것인지 말했다. 조시가 가장 좋아하는 곳이고, 가장 행복했던 기억이 담겨 있는 곳이었다. 바로 조시가 가장 존경하던 교수님에게 가장 좋아하는 강의를 들었던 강당 앞의 잔디밭이었다. 그 강의는 음악사였고, 교수님은 줄곧 강의만 한 것이 아니라 이야기를 해주고, 농담을 하고, 인생의 교훈을 전해주었다. 강의마다 목적이 있었고, 조시는 그 점이 좋았다. 그 강의는 너무 인기가 많아서 대기자 명단도 있었다. 강의 자체도 좋았지만, 강의 시작 전에 잔디밭의 나무 아래서 기타를 연주하는 것도 좋았다. 다른 학생들이 모여서 연주를 듣고는 했다. 기타와 노래와 청중이 있으면 더할 나위 없이 행복했다. 그렇다. 그곳에 씨앗을 심어야 한다.

달마가 말을 할 수 있었다면 그 선택이 옳은지 아닌지 이야기해줬을 것이다. 그래서 개들이 말을 못하는지도 모른다. 미래를 미리 알 수 있기 때문에. 인간이 아직 알아서는 안 되는 것, 인간이 스스로 알아내야 하는 것을 아는 것이다. 개들이 아는 것을 이야기한다면, 인간이 더 나은 사람이 되기 위해 해야만 하는 경험을 망쳐버릴 것이다.

달마의 일은 조시를 옳은 방향으로 조심스럽게 이끌어 가면서, 그가 실수했을 때 무조건적으로 사랑해주는 것이었다. 달마는 씨앗을 어디에 심어야 하는지 알고 있었지만, 그것을 말하는 것은 달마의 목적이 아니었다. 조시가 스스로 알아내야 할 것이었다.

# 9장
# 대학교

같은 강물에 발을 두 번 담글 수는 없다. 삶은 언제나 변하며 흐른다. 달마와 함께 대학 교정을 산책하던 조시는 그 사실을 정말 실감했다. 졸업을 하고 겨우 5년이 지났을 뿐인데, 도처에 새로운 건물과 구조물이 서 있었다. 10월이 끝나가고 있었고, 달마는 공기 냄새를 맡으며 계절이 곧 바뀌려 한다는 것을 알 수 있었다. 조시가 느끼기에는, 삶의 한때를 즐기는 학생들의 활기와 흥분이 공기에 가득했다. 둘은 함께 산책을 하며 조시가 좋아하던 장소들을 구경했다. 신입생 기숙사와 학생회관으로 걸어갔다. 조시는 강의를 듣던 여러 건물을 달마에게 보여주었다. "전에는 여길 본 적이 없었지." 조시는 대학 시절의 여자 친구가 졸업 선물로 달마를 주었던 것을 떠올리며 말했다. 학교를 떠나는 날이었다. 여자 친구는 암컷 강아지 한 마리를 상자에 넣어 주면서, 이름이 달마라고 했다. 상자를 연 조시는 세상에서 가장 귀여운 동물을 보고, 평생을 함께할 절친한 친구가 생겼다는 것을 직감했다. "다시 오니까 좋지?" 조시가 물었다. 여자 친구와 저녁노을을 보며 첫 입맞춤을 나누던 곳을 달마에게 보여줄 때는 얼굴이 빨개졌다. 건물 하나하나, 장소 하나하나가 들려주는 이야기에 좋은 기억과 느낌이 되살아났다.

조시는 행복감에 들떠 있었다. 그러나 씨앗을 심으려 했던 곳에 도착했을 때⋯ 조시는 소리치고 말았다. "안 돼!"

강의 시작 전에 학생들 앞에서 연주를 했던 바로 그곳에 커다란 건물이 서 있었던 것이다. 그 행복의 장소에 콘크리트가 덮이고, 강의실과 강당, 사무실이 생긴 것이다.

달마는 그 실망감을 알겠다는 듯이 조시의 손을 핥았다. 그렇다. 삶은 늘 변한다. 또 인간이 스스로 알아내야 하는 것도 있다.

"이제 어떡해야 하지?" 조시가 달마의 머리를 쓰다듬으며 말했다. "교정의 다른 곳에 씨앗을 심어야 하는 걸까? 아니면 대학교에 씨앗을 심으면 안 된다는 신호일까?" 조시는 어쩔 줄을 몰랐다. 이만큼 좋은 곳이 또 있을까 싶었다. 대학에서 가장 행복한

때를 보냈으니, 이곳인 것이 분명했다. "어쩌란 말이야?" 그러다 문득 가장 좋아했던 강의를 들었던 건물, 가장 좋아했던 교수님이 계시는 건물이 눈에 들어왔다. "가자, 교수님이 계신지 보자." 교수님은 매우 현명한 분이었다. 그분의 지혜가 간절히 필요했다.

# 10장
# 하나의 노래

둘은 계단을 올라 건물 2층으로 갔다. 골드먼 교수는 아직도 5년 전에 사용하던 좁고 어질러진 사무실에 앉아 있었다. 삶에도 변하지 않는 것이 있는 모양이다. 훌륭하지만 별난 대학 교수의 사무실은 더욱 더. 달마는 좋은 사람 냄새가 난다고 생각했다. 조시는 교수가 전혀 변하지 않았다고 생각했다. 벗겨진 머리의 머리숱이 더 적어진 것과 얼굴이 더 통통해진 것을 빼면. 골드먼 교수는 조시를 보는 순간 얼굴이 환해졌다. "내가 제일 좋아하는 학생 아닌가? 어떻게 지내나?" 교수가 쾌활하게 물었다.

"잘 지냅니다. 제가 제일 좋아하는 교수님은 어떠신지요?" 조시가 말했다.

"잘 지낸다네. 늙어가고 있지만 나아지고 있다네. 내가 늘 하는 말 아니던가. 안 그래도 며칠 전에 자네 생각이 나서, 어떻게 지내나, 뭘 하고 있나 궁금했다네."

"신기하네요. 제가 여기 돌아온 이유가 바로 그거예요. 생각할 일이 좀 있어서요." 조시는 이렇게 대답하고, 질문을 던져 화제를 바꿔보려 했다. "아직도 같은 강의를 하세요?" 그 동안 이룬 일이 별로 없어서 창피했기 때문이었다.

"강의 제목은 같지만 가르치는 내용은 다르지. 자네도 알지 않나. 내가 강의 내용을 조금씩 바꿔서 신선한 느낌을 주려고 한다는 거 말일세. 같은 내용을 같은 방법으로 가르치면, 학생들뿐만 아니라 나까지 졸릴 걸세. 실은 요즘 정말 재미있는 내용을 연구하고 있다네. 가르치는 과목이 음악사다 보니, 음악이 생겨났을 때부터 시작을 해봐야겠다 싶었지."

"언제 생겨났는데요?" 조시가 물었다.

"엄청나게 옛날이지." 골드먼 교수는 킥킥거리며 대답했다. "천체의 음악에 대한 아주 좋은 글을 우연히 읽었거든. 음악의 근원을 찾자면, 하늘을 봐야 한다고 하네. 해와 달, 행성 같은 우주의 천체 말이야. 천체는 우주에서 궤도를 돌면서 일종의 음악을 만들어낸다네. 사람의 귀로는 들을 수 없는 음악이지만, 여러 종교에 따르면 천체들이 일종의 우주적이고 영적인 음악을 만들어낸다고 하지. 예를 들어 볼까? 불교에서는 오랜 명상을 통해서 이 음악을 들을 수 있는 의식 상태에 도달할 수 있다고 하고, 유대교 전통에서는 천체의 음악이 창조주를 칭송하는 우주의 찬송이라고도 하지."

"이 글을 읽고 여러 아이디어가 떠올랐지. 그러고 보니 우주라는 말 자체가 '하나의 노래'라는 뜻이지 뭔가('우주'를 뜻하는 영어 단어 universe가 '하나'를 뜻하는 uni와 '시가(詩歌)'를 뜻하는 verse가 합쳐진 것이라 보고 하는 말이다-옮긴이). 우리는 하나의 노래 안에 살고 있는 셈이지. 알다시피 음악은 우연히 생겨나는 게 아닐세. 음표를 일정한 순서로 배열해서 특정한 진동과 음향을 만들어내는 창조의 과정을 거쳐야 하지. 자네나 내가 연주하는 음악이 우리를 표현하듯이, 하나의 노래는 궁극의 창조주를 표현한다네. 모든 음악이 여기서 시작되지. 음악사는 내가 생각했던 것보다 훨씬 중요하다네. 음악은 내가 상상했던 것보다 훨씬 큰 목적을 위해 존재하고 말이야."

"우와, 저는 음악에 대해 그런 식으로 생각해본 적이 없어요." 조시는 여전히 자신이 존재하는 더 큰 목적을 알고 싶다고 생각하면서 말했다.

"우리는 하나의 노래 안에 살고 있는 셈이지.…
자네가 맡은 일은 자신의 선율을 연주해서 하나의 노래에 기여하는 거라네."

"그래서, 생각할 일이 있다는 건 뭔가?" 골드먼 교수가 때맞춰 물었다. 조시의 절망을 느낄 수 있는 것은 달마만이 아니었던 것이다. 그리고 골드먼 교수는 학생들이 대학으로 돌아오는 이유는 두 가지뿐이라는 것을 알고 있었다. 옛날 생각이 나서이거나, 갈 곳을 잃어서이다.

조시는 골드먼 교수에게 상사의 최후통첩에 대해 이야기했다. 씨앗이나 농부에 대한 이야기는 하지 않았지만, 목적을 찾고 있다는 것은 털어놓았다. 가르치는 일을 하면 어떨까, 대학 교수가 되면 어떨까 생각했던 것도.

"조시, 자네가 교사나 교수가 되는 게 옳은지는 말해줄 수가 없네." 달마가 고개를 들었다. 달마는 답을 알고 있었지만 조용히 있었다. "하지만 한 가지는 말해줄 수 있지. 목적을 찾고 있다고 했지? 아마 대학에서 찾지는 못할 걸세. 그런 사람도 몇 있기는 하겠지만, 대개는 대학에서 목적을 찾지는 못하지. 오히려 대학은 목적을 향해 갈 준비를 하는 곳이라네. 대학은 아이에서 어른이 되는 곳일세. 자기가 무엇을 좋아하고 무엇을 싫어하는지 알게 해주는 곳이지. 자기 자신을 발견하고 자주성을 갖게 되는 곳이야. 그래서 말인데, 내 생각에 지금 던져야 하는 질문은 '대학에서 목적을 향해 갈 준비를 어떻게 했느냐?'일세. 이 질문에 답하려면 한 가지 질문을 더 던져야 하지. '대학에서 마음에 들었던 점은 어떤 것인가?'라고 말이야."

조시가 지난날을 생각하고 있을 때, 달마는 조시와 교수의 얼굴을 빤히 쳐다보았다. 달마는 답을 알고 있었고, 몇 분간 조용하던 조시도 마침내 깨달았다.

"제 삶을 산다는 게 좋았어요. 제가 하고 싶은 걸 한다는 거요. 살아 있다는 느낌이 들었죠. 또 항상 배우며 성장한다는 점도 좋았어요. 매일 조금씩 더 바람직한 내가 되고 있는 느낌이었지요." 조시가 대답했다.

"이제 깨달은 거로군." 골드먼 교수가 말했다. "방금 그 대답을 잘 생각해보게. 대학 생활을 통해서 어떻게 목적을 향해 갈 준비를 했는지를 생각해보게. 그러면 자네가 구하는 대답을 얻을 수 있을 걸세. 태어날 때부터 정해져 있는 목적에 점점 가까이 가는 것이 바로 삶이라네."

"나는 음악의 근원을 연구하면서, 우리 모두가 그 '하나의 노래'의 일부라고 생각하게 됐다네. 우리는 삶이라는 교향곡을 연주하기 위해 존재하지. 한 명 한 명이 연주해야 하는 선율이 있고, 다른 사람의 선율은 연주할 수가 없지. 자네가 맡은 일은 자신의 선율을 연주해서 하나의 노래에 기여하는 거라네. 태어나기 전부터 연주하기로 정해져 있었던 선율이지. 그 선율을 발견하고 최선을 다해 기쁜 마음으로 연주하면, 창조주께서 미소를 지으신다네." 여기까지 말한 골드먼 교수는 일어나더니 조시를 껴안고 달마의 머리를 쓰다듬었다. "자네가 돌아와서 기쁘네. 여기서 목적을 찾지 못한 것은 안타깝네만, 내가 해준 말이 목적을 찾는 데 도움이 되었으면 좋겠군."

"큰 도움이 됐어요." 조시가 대답했다. 그는 지혜를 빌려준 골드먼 교수에게 감사의 마음을 느꼈지만, 한편으로는 슬프기도 하고 화가 나기도 했다. 슬픈 것은 자기 선율을 연주하지 못해서였다. 좋은 음악을 연주하기 위해서는 한 사람 한 사람이 악기 연주 솜씨를 발휘해 자기가 맡은 선율을 연주해서 하나의 소리를 내야 했다. 하지만 지금 조시는 연주할 곡을 잊어버린 채 무대에 서 있는 연주자 같은 기분이었다. 다른 사람의 선율을 연주하고 싶진 않았다. 자기 선율을 연주하고 싶었지만, 불행히도 그것이 무엇인지 알 수가 없었다. 삶이라는 교향곡에 기여한다고? 지금 같아서는 무대에 오른다 해도 듣기 싫은 소리를 내고 빗발치는 야유를 받으며 무대에서 쫓겨날 것이다.

화가 난 것은 자신을 여기까지 오게 만든 신호 때문이었다. 신호라면 마땅히 길을 보여주고 옳은 방향으로 이끌어줘야 한다. 하지만 지금은 그 어느 때보다도 더 절망스럽고 혼란스러웠다. 그는 달마를 데리고 계단을 내려간 다음 건물 밖으로 나와서 벤치에 앉아 생각을 정리하기로 했다. 강의를 들으러 가거나 듣고 나오는 학생들이 보였고, 건물 앞에 모여서 웃고 떠들고 노는 학생들도 보였다. 조시는 행복해 보이는 학생들이 부러웠다. 다시 행복해지고 싶었다. 씨앗을 심을 곳을 찾고 목적을 깨달으면 행복해질 것 같았다. 조시는 지금 여기 씨앗을 심을 수 있으면 좋겠다고 생각했다. 직장 생활을 할 때보다는 대학에 다닐 때가 훨씬 행복했던 것은 확실하니까.

대학에서 누렸던 자주성과 자유를 떠올린 조시는 직장에서는 그런 느낌이 들지 않는다는 것을 깨달았다. 자기 삶을 산다는 느낌이 들지 않았다. 조립 라인에서 일하는 느낌이었다. 만약 조시가 갑자기 출근을 하지 않는다 해도, 회사는 쉽게 대신할 사람을 찾을 것이다. 누군가 이런 말을 할지도 모른다. "누가 사무실에 있던 가구 치웠어?" 그러면 또 누군가 대답할 것이다. "아니, 그런 건 아니고 조시가 그만뒀어." 그러면 처음 말했던 사람이 대답할 것이다. "아, 어쩐지 뭔가 달라진 것 같더라." 조시는 자신이 가구만큼 존재감이 없다고 생각했다.

조시는 벤치에서 일어나 심호흡을 하고 다시 한 번 주변을 둘러보았다. "여기가 아니면 어디지? 내가 행복했던 곳이 또 어디가 있지?" 그는 달마를 끌어안고 얼굴에 입을 맞추며 물었다. "이씨앗을 심을 곳이 또 어디 있을까?" 그는 하늘을 올려다보았다. "만약 분명한 신호를 주신다면, 지금이 딱 좋겠어요."

# 11장
# 긍정적인 관점

달마도 신호가 어떤 것인지 알고 있었다. 즉시 나타날 때도 있는가 하면 전혀 예상치 않을 때 나타나기도 한다. 항상 분명하기만 한 것은 아니고, 오히려 더 큰 혼란을 줄 때도 있었다. 중요한 것은 늘 신호를 찾고 신호를 따르는 것이다. 신호를 따라가면 어쨌거나 옳은 길로 갈 수 있기 때문이다.

신호를 보여 달라고 기도한 후에, 조시와 달마는 함께 교정을 가로질러 차가 주차된 곳으로 향했다. 대학교를 떠나 다시 길을 떠날 때가 온 것이다. 조시는 어디로 가야 하는지 몰랐지만, 어디론가 가야 한다는 것은 알았다.

차가 있는 곳에 가려면 가파른 언덕을 걸어 내려가야 했다.

차 문을 열고 달마를 태우던 조시는, 도로 건너편에 주차된 차에서 대학생 한 명이 내리는 것을 보았다. 청년은 휠체어에 몸을 실었다.

조시는 그 대학생 쪽으로 걸어가면서, 학생이 숨을 고르며 방금 조시와 달마가 내려왔던 그 언덕으로 올라갈 준비를 하고 있다는 것을 알았다. 대학생이 바퀴를 세 번쯤 밀었을 때 조시가 그 옆에 섰다. 어디로 가느냐는 조시의 질문에, 학생은 제법 가파른 언덕 위를 가리켰다. 조시가 청년에게 휠체어를 밀어주겠다고 하자, 청년은 그러라고 했다. 휠체어의 손잡이를 잡은 조시는 의외로 가볍다고 생각했다. 언덕이었지만 아름다운 모교의 교정에 대한 애정을 이야기하면서 둘은 천천히 언덕을 올랐다.

언덕 꼭대기에 도달하자 청년은 자기 이름이 솔로몬이라 밝히고, 진심으로 고맙다고 말했다. "나는 조시라고 해. 고마울 거 하나도 없어." 조시는 이렇게 대답하면서 솔로몬의 다리에 눈이 가는 것을 애써 피했다.

"원래는 혼자서 언덕 오르는 걸 좋아하지만, 아저씨가 물어보니까 아무렴 어떠냐 싶었어요. 저도 쉬어야 하지 않겠어요?" 청년이 유쾌하게 웃으며 말했다. 청년은 잠시 아래를 보며 말을 멈추었다. "꿈속에서는 아직도 다리가 정상이었을 때처럼 언덕을 뛰어오를 수 있어요." 청년이 말했다.

"어쩌다 그랬니?" 조시가 솔로몬의 다리를 처음으로 바라보며 물었다.

그러자 솔로몬은 고개를 가로저으며 답했다. "자동차 사고였어요. 정말 끔찍했죠. 주 대항 미식축구 결승전이 끝난 뒤였어요. 일생일대의 경기였죠. 대학의 신입생 모집 담당자들이 경기를 참관했어요. 경기가 끝나고 친구 몇 명과 함께 파티에 가고 있었는데, 음주운전 차가 갑자기 우리를 덮쳤죠. 제일 친했던 친구가 죽었어요. 친구 한 명은 다행히 뇌진탕에 그쳤고, 전… 전 허리 아래가 마비됐죠. 한 순간에 인생이 영영 바뀌어버린 거예요."

"정말 안타깝구나." 조시는 달리 뭐라고 대답해야 할지 몰랐다.

"안타까워하지 마세요. 전 살아 있다는 것에 감사해요. 저는 죽은 친구를 생각할 때마다 친구를 위해서 최선을 다해 하루하루를 살아야겠다고 다짐해요. 이런 언덕은 지금까지 넘은 산들에 비하면 아무것도 아니에요."

"그렇겠구나." 조시가 대답했다. 나이에 비해 대단히 지혜로운 젊은이라는 생각이 들었다. "그런데 왜 이 대학교에 오게 됐니?" 조시가 물었다.

"할아버지가 여기 축구 코치셨어요. 다들 켄 코치님이라고 불렸죠."

"나도 한 번 뵌 적이 있어. 전설이셨지." 조시가 말했다.

"맞아요. 부모님과 함께 할아버지를 찾아올 때면, 축구장을 뛰어다니고 언덕을 뛰어오르곤 했죠. 제 꿈은 여기서 축구를 하는 거였어요. 그런데 사고 후에는 그 꿈을 포기했죠. 여기 있으면서 축구를 하지 않는 제 모습은 상상이 안 되더라고요. 그래서 다른 학교에도 지원을 했어요. 그런데 어느 날 저녁 어머니와 이야기를 나눈 후에, 축구를 하는 것 말고도 내가 세상에 줄 수 있는 게 많다는 걸 깨달았어요. 어머니는 사라지는 꿈이 있어야 새로운 꿈이 태어날 수 있다고 하셨어요. 그래서 여기 있게 된 거예요. 언덕을 오르고, 강의를 듣고, 꿈을 기다리고 있지요."

"나도 똑같아." 조시는 생각했다. 그는 문득 손목시계를 보았다. 달마가 차 안에서 그를 기다리고 있었다.

"그 꿈이 뭔지 알 것 같니?"

"잘 모르겠어요. 코치가 되거나, 사업가가 되어 회사를 운영할까 해요. 둘 중 어느 쪽이든지, 지도자가 되고 싶다는 건 알겠어요."

조시는 미소를 지었다. "잘 어울리는구나."

"힘이 되는 말, 고마워요." 솔로몬이 말했다. "사람들이 대놓고 말하지는 않지만, 내심 휠체어를 타고 사람들을 지도하기는 힘들 거라고 생각하는 게 보여요. 하지만 그렇게 생각하는 사람은 역사 공부를 제대로 안 한 거예요. 미국 역사상 가장 위대한 지도자로 손꼽히는 프랭클린 델러노 루스벨트 대통령도 휠체어를 타고 있었거든요. 저는 다리는 약할지 몰라도, 성품과 의지는 강인해요. 저는 가능성을 생각하는 사람이 됐어요. 불가능한 걸 생각하지 않고, 가능한 것에 집중하지요." 이렇게 말한 솔로몬은 휴대전화를 보더니, 시간이 많이 흘렀다는 걸 깨달았다. "이런. 가능성 얘기를 하니까 생각났는데, 가능한 한 빨리 강의실에 가야 해요." 그는 농담을 했다. "빠지면 안 되는 중요한 강의거든요. 만나서 반가웠어요." 솔로몬이 손을 내밀며 말했다.

둘은 악수를 하고, 조시는 고개를 끄덕이며 걸어가기 시작했다. 그에게 부족한 한 가지를 솔로몬은 가지고 있었다. 바로 희망이다. 솔로몬이 배우고 성장하기 위해 강의실로 향할 때, 조시는 씨앗을 어디에 심어야 할지 생각하며 차로 향했다.

차를 돌려 학교를 떠나면서, 조시는 계속 솔로몬 생각을 했다. 자괴감을 느낀 것이 정말 죄스럽고 부끄럽다고 달마에게 이야기했다. 솔로몬은 훨씬 어려운 상황에 있으면서도 전혀 불평을 하지 않았던 것이다. "장애인은 그 애가 아니라 나야. 알고 보

"어머니는 사라지는 꿈이 있어야 새로운 꿈이 태어날 수 있다고 하셨어요.
그래서 여기 있게 된 거예요."

면 나한테는, 진짜 심각한 문제는 없거든. 불평할 이유가 전혀 없어. 난 건강해. 내 마음속엔 아직 꿈이 묻혀 있고, 수많은 가능성이 날 기다리고 있어. 그냥 씨앗 심을 곳을 찾는 여행을 계속하기만 하면 돼."

조시는 달마를 힐끗 보고는 말을 이었다. "너 그거 아니? 아마 솔로몬을 다시는 못 보겠지만, 그 짧은 거리를 걸으며 대화를 나누는 동안, 나는 평생 잊지 못할 선물을 받았어. 그가 말하는 모습과 웃는 모습, 두 눈에 어린 희망… 난 선물을 받은 거야."

그 선물이 무엇인지 듣지 않아도 달마는 알 수 있었다. 조시는 균형 잡힌 시각을 선물 받은 것이다. 삶의 굴곡에 맞서는 인간에게 필요한 선물이었다. 달마는 그게 정말 중요한 선물이라는 것을 알았다. 인간은 현실을 토대로 사는 것이 아니라, 현실에 대한 자신의 인식을 토대로 살기 때문이다.

달마는 이것을 사람의 '관점'(Point of View, POV)이라고 불렀다. 세상을 볼 때 관점을 어떻게 사용하느냐에 따라, 그것은 선물일 수도 있고 저주일 수도 있었다. 달마는 그 선물과 저주가 힘을 발휘하는 모습을 매일 볼 수 있었다. 예를 들어, 비가 오는 날 옷이 젖는다고 투덜거리는 사람이 있는가 하면 뜰과 꽃이 물을 마실 수 있다고 감사하는 사람도 있다.

달마는 난관에 대한 반응도 사람마다 다르다는 것을 알았다. 긍정적인 결과를 보려 하는 사람이 있는가 하면, 부정적인 결과만 보는 사람도 있다. 결과를 아직 모르는데도 그런다는 것이 달마에게는 흥미롭게 느껴졌다.

관점에 따라 한 사람의 기분과 행동이 달라진다. 긍정적인 감정으로 충만하고 주어진 상황에서 힘을 얻는 사람도 있고, 두려움에 어쩔 줄을 모르는 사람도 있다. 관점은 매우 중요하다. 세상을 어떻게 보느냐에 따라 자신의 세상이 결정되기 때문이다. 달마는 솔로몬 덕분에 조시가 만사를 다르게 볼 수 있게 된 것이 고마웠다. 조시가 긍정적인 관점을 가질 수 있게 솔로몬이 도와준 것이다. 그 과정에서 조시는 기쁨도 느꼈을 것이다.

조시가 비행기를 탔을 때 미로를 새롭고 높은 관점에서 보았듯이, 이제 자신의 상황을 완전히 새로운 시각으로 보게 되었다. 길을 잃은 것이 아니었다. 출발지와 목적지 사이의 어딘가에 있을 뿐이었다. 다행히도 솔로몬이 조시에게 신호를 보여주고, 선물을 주고, 다음에 갈 곳에 대한 실마리를 준 것이었다.

# 12장
# 개에게도 목적이 있다

달마는 인간들이 목적에 대해 그렇게 골똘히
생각한다는 것이 재미있었다. 개들은 목적을 별로
생각할 필요가 없었으니까. 개는 그냥 안다. 매일 목적을 향해 산
다. 그렇다. 개에게도 목적이 있다. 그것은 바로 사람을 무조건적
으로 사랑하는 것이다. 달마가 좋아하는 오래된 우스개 소리가 있
다. "누가 자기를 무조건적으로 사랑하는지 보려면, 아내와 장모
와 개를 자동차 트렁크에 가둬라. 한 시간 뒤에 트렁크를 열었을
때, 누가 반가워하는지 봐라." 이렇게, 개는 사람이 무슨 짓을 하
든 무조건적으로 사랑한다.

　달마의 생각으로는, 인간은 배우고 성장하려는 욕구가 있기

때문에 혼란에 빠지는 것이다. 인간은 원래 그런 존재이다. 배우고 성장하는 데 정신이 팔린 나머지, 무위의 즐거움을 잊어버린다. 서로 싸우는 데 정신이 팔린 나머지, 인간이란 서로 사랑하도록 만들어진 존재임을 잊어버린다. 개들은 무위를 즐길 수 있게 만들어졌다. 그러나 개와 인간은 모두 무조건적인 사랑을 할 수 있도록 만들어졌다. 달마의 관점에서 보면, 인간은 무위를 즐기며 무조건적으로 사랑하는 데에만 집중한다면 훨씬 행복할 것이다. 인간은 복잡하게 생각하는 버릇을 버리고, 매사를 단순하게 생각해야 한다.

달마가 말을 할 수 있다면, 조시에게 단순하게 생각하라고 말해줄 것이다. 직장에서 해야만 하는 일 때문에 좋아하는 일을 하지 못해서는 안 된다고. 달마는 인간들이 하루 동안 하는 모든 일을 좋아하지는 않는다는 것을 잘 알고 있었다. 인간의 삶이 개의 삶보다 훨씬 어려운 이유이기도 했다. 직장 생활을 할 때는 피곤한 일에 집중하기보다는 좋아하는 '단 한 가지'에 집중해야 한다. 스트레스와 분주함, 마감기한, 의견 충돌, 사내 정치 등은 애정 앞에서 무력하다.

조시는 좋아하는 일이 무엇인지 기억해내야 했다. 달마는 그냥 얘기해주고 싶었다. 하지만 그것은 자기가 할 일이 아니기에,

조시가 답을 얻을 수 있는 장소로 가고 있다는 것을 기뻐할 뿐이 었다.

그렇다. 개에게도 목적이 있고, 달마의 목적은 조시의 결점과 실수에도 불구하고 그를 사랑하는 것이다. 그는 인간이기에 완벽하지 않았다. 항상 옳은 일을 하는 것도 아니었고, 잘못된 판단을 할 때도 있었다. 조시는 아직 미완성의 존재였지만, 달마는 그를 무조건적으로 사랑했다.

# 13장
# 식당

캐럴은 텅 빈 식당을 둘러보았다. 이렇게 장사가 안 되다니, 앞일은 생각도 하기 싫었다. 대신 좋았던 시절을 떠올렸다. 그때는 식당에 사람이 항상 꽉 들어찼고, 손님들은 한 시간씩 줄을 서서 기다렸다. 그때는 경영자들이 숫자와 수익보다는 직원과 품질과 고객 서비스를 중시했다. 불행히도 그 시절은 가버렸다. 이 식당을 사들인 새로운 경영자들은 비용 절감을 너무 열심히 한 나머지 수익마저 절감해버렸다. '우습군.' 캐럴은 생각했다. 수익을 사람보다 중시하는 기업이 수익의 원천인 사람을 잃게 되다니 말이야. 좋았던 시절을 그리워하던 캐럴은 식당 문으로 사람이 들어오는 모습을 보고 새삼스레 옛날이 왜 좋았는지를 다시 한 번 생각했다.

조시는 식당에 들어서자마자 캐럴을 알아보았다. 타는 듯한 붉은 머리와 식당에서 오래 일한 티가 나는 통통한 몸매는 전혀 변함이 없었다. 비록 나이는 조시보다 열 살밖에 많지 않았지만, 캐럴은 조시가 만난 뛰어난 리더들 중 한 명이었다.

"다들 어디 있어요? 하루 중에서 제일 바쁠 땐데." 조시가 물었다.

"말도 마. 주인이 바뀌었어. 다음 달에 문을 안 닫으면 다행이야." 캐럴이 말했다.

조시는 믿기지 않는다는 듯 한숨을 내쉬었다. 씨앗을 심으려 한 곳이 또 사라지려 하고 있었다.

"그건 그렇고 이게 얼마만이야? 잘 지내지?" 캐럴이 조시를 껴안으며 말했다. "진짜 반갑다. 너의 그 열정이 그리웠어. 네가 여기를 그만둔 지 5년쯤 됐나?"

"네, 5년이에요." 조시가 대답했다. 그렇게 오래 됐다니 믿기지 않았다. 한편으로는 바로 어제 같기도 했지만, 그때는 자신의 인생을 다른 사람이 살고 있었던 것처럼 느껴졌다. 대학 시절 여자 친구를 따라 그녀의 가족이 사는 도시로 온 것이 진짜 있었던 일인가? 여기서 웨이터로 일하면서 음악계에 진출하려 했던 것이 진짜 있었던 일인가? 그러다가 암울한 결말을 맞이했던 것이 진짜 있었던 일인가? 어쩌면 자기 삶이 너무나 많이 변했기 때문에 다른 사람이 된 기분이 드는 것인지도 몰랐다. 아니면 지난날의 아픔 때문에 차라리 다른 사람이기를 바라는 것인지도 몰랐다.

조시와 대학 시절의 여자 친구는 꿈에 대해서, 결혼에 대해서 자주 이야기를 했었다. 그들은 양가 부모님이 살지 않는 도시로 이사해서 결혼 생활을 시작한다는 계획을 세웠었다. 그런데 그러다가 여자 친구가 마음을 바꿨다. 부모님의 압박 때문에 집으로 돌아가기로 한 것이다. 조시는 선택을 해야 했다. 여자 친구를 따라가거나, 여자 친구를 보내줘야 했다. 자신은 장거리 연애를 할 수 없다는 것을 알고 있었다. 여자 친구의 고향에 가는 것이 썩 내키지는 않았지만, 사랑을 위해서 그렇게 했다. 사랑을 위해서라면 못할 일이 없을 것 같았다. 낯선 도시에 도착한 후에는 재산도 없고 가족도 없는 곳에서 일자리를 구하기 시작했다. 결국 지금 서 있는 이 식당에서 웨이터로 일하면서, 시내의 술집을 전전하며 생음악을 연주했다. 겉으로는 다 잘 될 것 같아 보였지만, 조시는 자꾸만 이곳이 자기가 있을 곳이 아니라는 느낌을 받았다. 여자 친구에게 함께 떠나자고 애걸도 해보았지만, 여자 친구는 가려 하지 않았다. 가족과의 유대가 너무 강했거나, 조시에 대한 사랑이 너무 약했던 것이다.

떠나야겠다는 생각은 점점 강해졌고, 어느 날 결국 여자 친구에게 떠나자는 선언을 했다. 둘 다 그게 무슨 뜻인지 알고 있었다. 그녀는 가고 싶지 않았고 그는 머물고 싶지 않았기 때문이었다. 인생에서 가장 괴로운 결정이었지만, 아픈 마음과 불확실한 미래를 안고 11시간 동안 차를 몰아 부모님 댁으로 갔다. 유일한 위안은 달마를 데리고 왔다는 것이었다.

그는 여자 친구와 식당 웨이터 일과 음악적인 경험을 뒤로하고 떠났다. 오랜 탐색 끝에 그는 경영에 관련된 일을 찾아 나섰고, 항상 살고 싶었던 도시에서 좋은 일자리를 찾았다. 그곳이 지금 살고 있는 도시였다. 지난날의 아픔은 잊으려고 애썼지만, 웨이터로 일했을 때의 좋은 경험은 늘 기억하고 있었다. 그리고 지금 이 도시, 이 식당으로 돌아온 것은 그때의 기억과 캐럴 때문이었다. 그녀는 일자리가 정말 필요했을 때 조시에게 일자리를 준 사람이었고, 그에게 고객 서비스에 대해 모든 것을 가르쳐준 사람이었다. 이곳에서 고객과 소통하는 방법을 배웠고, 상대가 누구든 화제가 무엇이든 이야기를 이어나갈 수 있는 자신감을 얻었다. 무엇보다도, 예전 여자 친구가 사는 도시에 있다는 단점만 제외한다면, 이 식당은 조시가 행복한 한때를 보낸 곳이었다.

캐럴과 조시가 과거와 현재의 삶에 대해 이야기하고 있는데, 식당에 갑자기 손님이 밀려들기 시작했다. 근처 영화관에서 영화를 관람한 사람들이 영화가 끝나고 나서 한꺼번에 식당으로 몰려오고 있는 모양이었다. 저녁 시간에 이렇게 많은 손님을 받기에는 일손이 턱없이 부족하다는 것을 알았기에 캐럴은 점점 초조해졌다. 누구한테 전화를 하면 당장 와줄지를 생각하고 있는데 조시가 도와주겠다고 나섰다.

"이런 일을 하게 할 순 없어. 넌 이제 잘 나가잖아."

"상관없어요." 조시가 말했다. "기꺼이 도와줄게요. 나한테도 좋을 거예요. 기억이 다 나기만을 바랄 뿐이에요."

"자전거 타는 거나 마찬가지야. 절대 잊어버리지 않지. 그럼 시작해볼까?" 캐럴은 조시의 팔을 잡으며 말하고는, 직원들을 도와주러 뛰어갔다.

캐럴의 말이 맞았다. 주문을 받고 주방 일을 돕고 음식을 나르기 시작하자, 공백기가 전혀 없었던 것 같은 느낌이 들었다. 식당 문을 닫을 때가 되자 발은 아팠지만, 기분만은 날아갈 것 같았다. 곤경에 빠진 친구를 도와준 것도 좋았지만, 무엇보다도 고객이 맛있게 식사를 하는 모습을 보는 것이 그렇게 만족스러울 수가 없었다.

그날 밤 근처의 호텔에서 달마와 나란히 누워 잠을 청하던 조시는 오랜만에 큰 만족감을 느꼈다. 그래서 캐럴의 제안을 받아들이기로 했다. 새로 개봉한 영화가 인기리에 상영할 동안, 식당에는 며칠 더 일손이 필요했다. 캐럴은 조시에게 사람을 더 뽑을 때까지 부지배인으로, 또 주방 보조로 일할 수 있느냐고 물었다. '못할 것 없지' 하고 조시는 생각했다. 시간은 많았고, 친구는 곤경에 빠져 있었고, 돕고 싶은 마음도 있었으니까.

# 14장
# 서비스 정신

그 후 닷새 동안 조시는 최선을 다해 식당일
을 도왔다. 달마가 지배인 사무실에서 자는 동안 조시는 주
문을 받고 음식을 나르고 테이블을 닦고 설거지를 하고 요리를
하고 손님을 안내했다. 캐럴에게 필요한 일이라면 뭐든지 했지
만, 가장 즐거운 일은 고객을 안내하고 고객과 이야기를 나누는
것이었다.

　그는 별별 사람을 다 만났다. 성격도 모두 제각각이었다. 그를
친절하고 정중하게 대하는 사람도 있었지만, 자기 발밑의 하인처
럼 대하는 사람도 있었다. 손님들은 조시의 배경을 전혀 몰랐고,
텔레비전에 나오는 광고 중에 조시의 작품이 있다는 것도 몰랐다.

어떤 손님들에게, 조시는 다른 할 일이 마땅치 않아 이 일을 하고 있는 웨이터일 뿐이었다. 그런 이유로 조시는 모든 사람이 한 번씩은 웨이터 일을 해봐야 한다고 생각했다. 그러면 요식 업계와 서비스업 종사자를 다시 보게 될 것이다. 서비스업 종사자도 진짜 가족이 있고 진짜 고민과 꿈과 희망이 있는 진짜 사람이라는 것을 알게 될 것이다. 웨이터의 생활을 한번 경험해보면, 서비스업 종사자를 함부로 대할 수 없을 것이고 팁도 더 많이 줄 것이다.

조시는 웨이터로 일하면서, 남들이 자신을 어떻게 생각하느냐는 중요하지 않다는 것을 알게 되었다. 중요한 것은 자신이 서비스업을 어떻게 생각하느냐였다. 서비스업이 정말 좋았던 것이다! 다른 사람에게 관심을 기울이기 시작하는 순간, 자신의 문제는 모두 사라졌다. 자신의 삶, 자신의 미래, 자신의 일자리에 대한 고민을 잊고, 다른 사람들을 행복하게 하는 데 집중할 수 있었다. 조시는 서비스업에 대해 이런 생각을 하는 사람이 또 있는지 몰랐지만, 동료인 파멜라를 만나고 그런 사람이 자기뿐이 아니라는 것을 알게 되었다. 그 일을 좋아하는 마음은 조시보다 더하면 더했지 못하지 않았다. 하루는 쉬는 시간에 파멜라에게 왜 그 일이 그렇게 좋은지를 조시가 물어보았다. "사람 때문이에요. 저는 손님들이 정말 좋거든요." 파멜라가 대답했다.

"삐딱한 손님들도요." 조시가 물었다. 누구를 만나든 무언가를 배우고 싶었기 때문이다. 인생의 학생으로서, 파멜라가 일하는 이유가 무엇인지 알고 싶었다.

"네, 삐딱한 손님도요. 하지만 저는 그 사람들이 삐딱하다고 생각하지 않아요. 사랑과 관심이 필요한 사람들일 뿐이에요. 사람 때문에 실망한 적이 있어서 삐딱하다고 생각해요. 나쁜 서비스를 받아보고, 사람에 대한 신뢰를 잃은 거죠. 그 사람들의 신뢰를 얻는 게 제 일이라고 생각해요. 손님이 즐거운 식사를 할 수 있다면 저는 무슨 일이든 할 수 있다는 걸 보여주는 거죠. 그게 참 신기해요. 제가 손님을 사랑할수록, 그리고 손님에게 신뢰를 얻을수록, 손님이 저한테 더 마음을 열거든요. 삐딱함도 어느새 사라지고요. 노력이 조금 필요하지만, 훨씬 보람 있어요."

"그러면 손님이 고마워하던가요?" 조시가 물었다.

"당연하죠." 파멜라가 말했다. "전 여기서 4년 동안 일했는데, 손님에게서 받은 크리스마스카드가 한쪽 벽에 가득 붙어 있어요. 손님들이 가족을 데리고 오는데, 그러면 그 집 아이들이 자라는 걸 볼 수 있지요. 요즘처럼 한가할 때도, 일부러 저를 찾는 손님들이 많아서 제 구역만큼은 항상 꽉 차요."

파멜라를 만나고 나서 조시는 왜 웨이터 일이 그렇게 좋은지

열심히 일한다고 꼭 피곤한 것이 아니라는 것을 알았다.
태도가 나쁘면 피곤한 것이다.

를 알게 되었다. 파멜라처럼 자기도 서비스업이 좋았던 것이다.

조시는 식당에서 일하면서 새로운 사실도 발견했다. 식당에서는 '진짜' 직장에서보다 더 열심히, 더 힘들게 일을 했지만 퇴근할 때면 더 기운이 솟는 느낌이었다. 그 기운을 서비스 정신으로 나눌수록 기운이 더 차올랐다. 그는 열심히 일한다고 꼭 피곤한 것이 아니라는 것을 알았다. 태도가 나쁘면 피곤한 것이다.

조시는 작별인사를 하려고 식당 밖에서 캐럴을 기다리며 이런 생각을 했다. 여기서 닷새 동안 일하고 나니, 영화의 인기가 한풀 꺾였고 식당도 전처럼 바쁘지 않았다. 조시는 이제 이곳을 떠나 다음에 갈 곳을 찾아야 할 때라고 생각했다.

캐럴은 식당 앞에서 조시와 달마에게 작별인사를 하더니, 이곳에 남아서 함께 일하다가 나중에 같이 식당을 개업하자고 다시 한 번 청했다. 그러나 조시는 식당에서 서비스업에 대한 열망을 확인하긴 했어도 식당 일을 해야겠다는 생각이 들지는 않았다. 웨이터 일에서 특히 좋았던 부분을 지금 하고 있는 일이나 새로운 일에 적용해야 했다. 어느 분야에서 일하든 서비스 정신을 가져야 했다.

# 15장
# 과거로부터의 선물

차를 몰고 떠나기 전 마지막으로 식당을 돌아보자, 씨앗을 심을 곳이 어디인지는 몰라도 과거에 자신이 지나온 곳은 아닐 것이라는 확신이 들었다. 신호를 따라 행복함을 느꼈던 장소를 찾아다니기는 했지만, 그것이 꼭 그곳에 씨앗을 심으라는 뜻은 아니었다. 과거에 무엇을 할 때 기운이 났고 행복을 느꼈는지를 다시 발견하라는 뜻이었다.

그는 조종사가 했던 말을 떠올렸다. 과거를 되돌아보면 미래에 대한 실마리를 찾을 수 있다는 말의 뜻을 이제 알 것 같았다. 집에 돌아갔을 때는 자신의 강점과 재능을 다시 떠올렸다. 대학교에서는 자신이 배움과 성장, 자주적인 삶을 좋아했다는 것을 알게 되었다. 식당에서는 다른 사람을 돕고자 하는 열정을 재발견했다.

불행히도 지금의 직장에서는 그중 어느 것도 발휘하지 못하고 있었다. 자기 일을 하는 것 같지 않았다. 대학교에서처럼 배우며 성장하고 있지 않았고, 식당에서처럼 누군가에게 도움을 주고 있지도 않았다. 자신이 정체되어 있다는 느낌이 들었는데, 그게 회사 때문인지 자신 때문인지 알 수가 없었다. 확실한 것이 있다면, 지금 일을 계속하든 새 일을 찾든 변화가 있어야 한다는 점이었다.

지금부터는 자신의 강점을 이용해서 배우고 성장하고 다른 사람을 도울 것이다. 매일 조금씩 죽어가고 있다는 느낌이 들지 않게, 삶을 시작할 것이다. 성직자는 그의 길이 아니었다. 교사나 교수도 그의 길이 아니었다. 요식업계도 그의 길은 아니었다. 이 과거의 경험에서 특히 좋은 부분을 끄집어내서 삶의 일부로 만들 것이다. 그럼으로써 목적을 찾을 수 있게 되기를 기대하면서. 다음 주 안에, 상사에게 자신의 결정을 말해야 할 때가 오기 전에, 목적을 찾기를 바랄 뿐이었다.

# 16장
# 새로운 기회

조시는 저니(Journey)의 노래인 '믿음을 버리지 마세요(Don't Stop Believing)'를 들으며 고속도로를 달리고 있었지만, 어디로 가야 할지 잘 몰랐다. 목적지를 모르고 차를 몰고 있으니 묘한 기분이 들었지만, 최근에는 불확실한 모험도 순순히 받아들일 수 있게 되었다. 익히 알던 곳을 찾아다니며 자신을 새롭게 발견하고 있었다. 내일 무슨 일이 있을지 모른다는 것은 찜찜했지만, 놀랍게도 옳은 길을 가고 있다는 안도감이 들었다. 그는 신호를 기대하면서 기다리면 언젠가는 그것이 나타나리라고 믿었다. 조시가 주유소 화장실에서 나오고 있을 때, 아니나 다를까 신호가 나타났다. 휴대전화로 전화가 걸려온 것이다. 여행의 방향을 틀어놓을 전화였다.

6개월 전 라스베이거스에서 열렸던 산업박람회에서 만난 헤드헌터였다. 그녀는 명함을 한 장 달라고 하며, 기업이 조시와 같은 인재를 찾아서 채용하는 일을 돕는 사람이라며 자기를 소개했다. 조시는 명함을 주기는 했지만 전화가 오리라고는 생각지도 않았다. 그런데 하필 지금, 좋은 자리가 있다며 전화를 한 것이다. 10분 정도 계속된 통화가 끝나자 조시는 달마에게 헤드헌터가 한 이야기를 들려주었다.

"이게 꿈인지 생시인지…. 내가 이 업종에서 유명인이라면서 나를 아는 회사가 아주 많다고 했어. 그중 한 회사에서 내일 나를 만나고 싶어 한대. 회사는 다른 도시에 있어서 비행기로 가야 하지만, 회사가 벌써 나를 채용하고 싶어 해서 면접은 그냥 형식일 뿐이라는 거야. 이게 우리 기도에 대한 답일지도 모르겠어. 그래, 맞는 것 같아. 새 직장에 씨앗을 심으면 될 거야. 타이밍이 기가 막히잖아?"

달마는 조시가 이렇게 들떠 있는 것을 오랫동안 본 적이 없었다. 집으로 돌아가는 긴 여정 동안 조시는 새 직장이 어떨지 생각하느라 조용해졌다.

조시는 새로운 도시와 새로운 건물에서, 새로운 열정과 정력을 품고 새로운 사무실에서 일하는 자신의 모습을 상상했다. 새롭고 신선한 아이디어를 제안해서 회사에서 이름을 떨치는 모습도 상상했다. 새로운 사람에게서 배우고 새로운 회사에서 성장할 수 있다는 생각에 기운이 솟았다. 그는 일을 할 때 서비스 정신을 발휘할 각오가 돼 있었다. 새 직장은 완벽한 출발점이 될 것이다.

농부의 말이 맞았다. 그가 목적을 찾아다닌 것은 목적이 있기 때문이었다. 하지만 과거에서 찾을 수 있는 것은 아니었다. 미래에서, 새 직장에서, 자신의 뜻을 마음껏 펼칠 수 있는 곳에서 찾아야 했던 것이다. 그곳에서야말로 씨앗을 심고 목적을 향해 살아갈 수 있을 것이다. 신선한 출발이자, 더욱 크게 성장할 수 있는 기회가 될 것이었다.

흥분과 공상 때문인지 여행이 실제보다 짧게 느껴졌다. 둘은 자정이 다 되어서야 집에 도착했고, 조시는 바로 소지품을 챙기며 내일 새벽에 있을 항공여행을 준비했다. 이웃이 하루 동안 달마를 돌봐줄 것이고, 조시는 면접이 끝나자마자 최대한 빠른 비행기를 타고 저녁 늦게 집에 돌아올 것이다. 이제 남은 것은 내일 최고의 상태로 일어날 수 있도록 푹 자두는 것뿐이었다.

다음 날 아침 조시는 자명종 소리를 듣고 깊은 잠에서 깨어났다. 상쾌한 기분으로 일어나고 싶었지만, 여덟 시간은 더 자야만 할 것 같은 기분이었다. 그리고 책상 위에 씨앗을 심었다가 넓은 밭에 옮겨 심는 꿈을 또 꾸었다. 꿈의 의미는 아직도 불분명했지만, 조시는 옳은 길을 가고 있다는 신호로 그 꿈을 받아들였다.

시리얼 한 그릇과 바나나 한 개로 아침을 때운 조시는 달마를 한 번 안아주고 공항으로 달려가 여객터미널을 지나 시간 맞춰 탑승구에 도착했다. 탑승하려고 줄을 서서 기다리며 창밖을 보니, 하늘에 검은 구름이 잔뜩 끼어 있었다. 폭풍이 몰려오고 있었던 것이다. 조시는 그 때문에 이륙이 지연되지 않기를 빌었다. 비행기의 예상 착륙 시간과 면접 시간 사이에는 여유가 아주 조금밖에 없었기 때문이다. 조금이라도 늦어지면 계획이 엉망이 될 것이었다.

비행기를 타기 전에 탑승구 직원이 컴퓨터로 조시의 표를 확인하더니 좋은 소식을 알려주었다. 좌석이 일등석으로 조정됐다는 것이다! 이것 역시 밝은 미래를 알리는 신호였다.

자리에 도착해서 정장 재킷을 승무원에게 맡긴 조시는 사람이 지나갈 때마다 바라보고 미소를 지었다. 답례로 미소를 짓는 사람과, 조시가 미쳤다고 생각하는 사람과, 아예 무시해버리는 사람을 구별하는 것이 재미있었다.

또 승무원들을 관찰해보니 일을 좋아하는 사람은 누구이고,

무관심한 사람은 누구이며, 일뿐만 아니라 모든 승객을 싫어하는 사람은 누구인지가 보였다. 같은 일을 각자 전혀 다르게 대한다는 것이 흥미로웠다. 특히 승객들에게 진심이 담긴 미소를 짓고, 안내 방송을 할 때 사람들을 웃게 한 승무원을 유심히 봤다. 그녀는 그냥 월급만 챙기는 것이 아니라 세상을 바꾸고 있었다. 식당에서 만난 파멜라가 그랬듯이, 그녀도 함께 일하는 다른 사람들에 비해 단연 돋보였다. 돋보이는 승무원이 한 명 더 있었지만, 불행히도 그건 심술궂은 태도 때문이었다. '왜 그렇게 기분이 나쁜 걸까? 오늘따라 일이 안 풀려서일까, 아니면 진이 빠져서일까?'

중요한 것은 무슨 일을 하느냐가 아니라는 데 생각이 미쳤다. 정말 중요한 것은 어떤 마음가짐으로 일을 할 때 얼마나 신나게 일을 할 수 있느냐이다. 조시는 진이 빠지는 원인이 비타민 결핍이 아니라 목적 결핍이 아닐까 생각했다. 조시가 지금 겪고 있는 문제이기도 했다. 비타민제를 아무리 먹어도 회사에서는 피곤했다. 조시는 세상을 바꾸고 있는 그 승무원처럼 돋보이지 않았다. 벽 속의 벽돌 하나가 되어버린 것이다. 조시는 새 직장에서는 열정과 목적을 갖고 일할 수 있기를 기대했다. 이 비행기가 뜰 수만 있다면….

스피커에서 기장의 안내 방송이 흘러나왔다. 폭풍이 몰려오고 있어서 빨리 이륙을 시도할 것이라는 내용이었다.

"그거 잘됐네요." 조시는 일등석의 다른 승객들을 둘러보며 큰 소리로 말했다. 조시는 사람들이 비행기에서 몇 시간 동안 나란히 앉아 가면서 서로 한 마디도 하지 않는다는 것이 이상하고도 안타까운 일이라고 생각했다. "안녕하세요."나 "반가워요."는 물론, "안녕하세요, 제 이름은 아무개라고 합니다." "저는 잘 거니까 말 걸지 마세요."라는 말조차 하지 않는다. 조시는 비행기에서 옆자리에 앉는 사람들에게 적어도 자기소개는 해야 한다고 생각했고, 그 결과 좋은 사람들을 만나 재미있는 대화를 나누기도 했다. 그의 비결은 5분 규칙에 있었다. 옆 자리에 앉은 사람에게 자기소개를 하고 5분 동안 이야기를 한다. 둘이 통하는 데가 있다면, 서로 이야기를 나누며 서로에게서 배울 사이라면 5분 안에 알 수 있다. 그러면 그 사람과는 착륙할 때까지 계속 이야기를 하게 된다. 통하는 데가 없다면 아이패드를 꺼내 음악을 듣거나 동영상을 보거나 책을 읽거나 일을 했다.

조시가 〈포춘〉 선정 500대 기업의 임원쯤 되어 보이는 옆자리의 중년 남자에게 자기소개를 하려고 할 때만 해도 이 대화가 과연 5분 이상 계속될 수 있을지 의문스러웠다.

# 17장
# 조지와의 만남

조시가 몸을 돌려 자기소개를 했을 때 옆에 있던 남자는 신문을 읽고 있었다.

"안녕하세요. 저는 조시라고 합니다."

남자는 신문에서 눈을 떼더니 옆으로 치우고서는 조시를 바라보며 악수를 청했다. "나는 조지라고 해요. 만나서 반가워요."

"비행기가 제시간에 출발할 수 있으면 좋겠네요."

"그러게요." 조지는 흔쾌히 조시와 짧은 대화를 시작했다. "무슨 중요한 미팅이라도 있나 보죠?"

"네, 입사 면접을 보러 가는 길입니다."

"오." 조지가 고개를 끄덕이며 말했다. "오랫동안 직장을 구하고 있었나요?"

조시가 웃었다. "아닙니다. 사실 저는 직장이 있어요. 이번은 저를 고용하려고 하는 다른 회사의 면접이죠. 좀 이야기가 길어집니다만 2주 동안 휴가를 갔었죠. 그런데 갑자기 헤드헌터에게 아주 좋은 기회가 있다는 이야기를 듣게 되었어요. 그리고 결국 비행기를 타게 되었네요. 제가 찾으려고 한 것은 아닌데 기회가 갑자기 찾아왔거든요."

"그러면 당신은 지금 하는 일에 만족하지 못하나요?" 조지가 물었다.

"아뇨. 불만족스러운 건 아니에요." 조시가 대답했다. "저는 제가 이 새로운 일을 하게 되면 더 행복해질 수 있을 거라고 생각해요. 아주 좋은 기회니까요."

"왜 당신이 그곳에서 더 행복해질 거라고 생각하죠?"

"잘 모르겠어요." 조시가 머리를 저으며 말했다. "그냥 그런 느낌이 들어요. 추측이죠."

조지는 머리를 흔들며 웃었다. 하지만 그것은 재미있어서 웃는 웃음이 아니었다. 조시는 그가 다른 이유로 웃는다는 것을 알고 있었다. 조시는 시계를 보았다. 둘은 약 2분 동안 대화를 나눴고, 조시가 막 아이패드를 꺼내려던 참이었다.

그러나 조시가 아이패드를 잡기 전에 조지가 말을 이었다. "웃어서 미안해요." 조지는 진지하게 말했다. "사람들은 언제나 자신이 다른 어떤 곳에 가기만 하면 더 많이 행복해질 거라고 생각하죠. 그들은 직업을 바꾸고 배우자를 바꾸고 더욱 더 많은 무언가를 찾죠. 자신들이 찾는 그곳은 바로 자기 안에 있는데도 말이죠. '어디를 가든 그곳이 당신의 자리다.'라는 옛말은 틀리지 않아요. 내 나이쯤 되면 자기 행복은 자신의 상사와 관련이 있지도 않고, 새로운 직업을 찾는 것에 달려 있는 것도 아니라는 걸 알게 되죠. 바로 자기 자신에게 달려 있다는 것을 말이죠. 우리의 행복은 외부에 있는 무언가를 하는 것과는 별로 관련이 없어요. 우리 안에 있는 무언가를 하는 것과 관련이 있다는 말입니다. 행복은 내면과 관련된 것이에요. 바로 선택이죠."

"하지만 안정적인 직업이 다른 사람과 비교해서 더 큰 행복을 가져다준다고 생각하지 않으세요?" 조시가 물었다. "예를 들어, 제가 회계사처럼 하루 종일 숫자를 다뤄야만 한다면 너무 끔찍할 것 같네요."

조지는 턱을 괴고 잠시 동안 생각에 빠졌다. "물론 다른 것보다 당신을 활기차게 만드는 어떤 직업이 있겠죠. 어떤 사람들은 숫자를 좋아하기 때문에 숫자를 다루는 직업을 좋아해요, 만약 당신이 하는 일을 좋아하고 그것을 잘한다면 그 일을 함으로써 더 행복해질 수 있는 확률이 커지겠죠. 그러나 일을 하면서 행복해지는 데는 더 중요한 것이 있어요."

"나는 몇 백만 달러를 버는 경영자보다 자기 일에 더 열정적이고 행복해 하는 버스기사와 관리인과 패스트푸드점 점원을 만난 적이 있어요. 나는 행복이라는 것이 우리가 하는 일에서 오는 것이 아니라 우리가 하는 일을 어떻게 느끼는지와 관련이 있다고 확신해요."

"우리가 일을 생각하고 느끼고 접근하는 방식이 일에서 얻는 행복에 영향을 미치죠." 그러고 나서 조지는 잠시 말을 멈췄다가 부드럽게 말했다. "조시, 나는 당신이 행복해지려고 하는 그곳에서 당신이 행복할 거라고 믿어요."

바로 그때 항공교통 관제센터가 모든 비행기를 공항에서 대기하도록 지시했다고 하는 기장의 방송이 조시를 실망스럽게 했다. 그들은 승객들을 차량에 태워 게이트로 데려갈 수 있었다. 그러나 그럴 경우 비행기가 다시 이륙 허가를 받게 되면 승객을 다시 태우는데 시간이 너무 많이 소요될 것이다. 더 나은 방법은 비행기에 남아 날씨가 개면 바로 이륙하는 것이었다. 약 한 시간 동안은 꼼짝없이 대기해야 할 것으로 예상되었다.

조시는 조지에게 양해를 구하고는 핸드폰을 켜 헤드헌터에게 전화를 걸어, 비행기가 지연되어 제시간에 인터뷰에 참석할 수 없으므로 시간을 조금 늦춰 인터뷰 스케줄을 조정하고 싶다고 메시지를 남겼다.

"그것이 운명이라면 어떻게 하든 거스를 수 없겠죠." 조지는 그 순간 풀이 죽어 있는 조시를 안심시키기 위해 말했다. "예전에 어떤 사람이 내게 모든 일이 일어날 때는 그 이유가 있다고 이야기한 적이 있어요. 그리고 나 또한 그것에 따라 살아왔죠."

그러나 조시는 듣고 있지 않았다. 그는 조지가 이야기했던 행복이란 것에 대해 생각했다. 그리고 그는 '자신의 마음이 자신에게 장난을 치도록 하지 말고 자신의 마음을 따라야 한다'고 농부가 말했던 것이 생각이 났다. 행복해지려고 한 것이 판단력을 흐린 것일까? 그는 점점 더 혼란스러워졌다.

"당신은 왜 이 새로운 기회가 저한테 맞지 않다고 생각하죠?" 조시가 물었다. "누가 이것이 신이 정한 내 직업이 아니라고 말할 수 있죠?"

조지는 이번에는 재미있다는 듯이 웃었다. "내가 신의 계획을 아는 척할 수는 없죠. 오직 신만이 아실 테니까요. 다만 내가 알고 있는 것은 당신이 자신의 행복을 찾아가려고 할 때는 매우 조심스러워야 한다는 것이죠." 조시의 생각을 확인하며 그가 덧붙였다.

"행복이라는 것은 자기기만일 수도, 매우 찾기 힘들고 오해할만한 소지가 있을 수도 있죠. 내 친구 중 몇몇은 요리하는 것을 좋아한다는 이유로 식당을 열었죠. 또 다른 친구는 그림 그리는 것을 좋아하지만 그녀는 그것으로 돈벌이를 하고 싶지는 않다고 해요. 내 아내의 가장 친한 친구는 무엇인가 꾸미고 있을 때 행복을 느끼지만 정작 인테리어 실내장식가로서 일할 때는 불행하다고 해요. 중요한 것은 당신이 어떤 일을 할 때 행복하다고 느낀다고 해서 꼭 그것을 직업으로 삼을 필요는 없다는 거예요. 취미는 직업이 아니라 그저 취미일 뿐이니까요."

조시는 그것이 사실이라는 것을 알고 있었다. 그가 성직자에 대해 느끼는 것도 같았다. 그는 그것이 자신의 소명이 아니라고 확신했다. 그러나 조시가 지금 알 수 없는 것은 자신이 더 행복할 것이라고 생각하는 새로운 회사에 들어가느냐 마느냐 하는 것이었다. 어쩌면 그가 행복을 잘못 좇고 있을지도 모른다.

바로 조금 뒤에 그는 헤드헌터로부터 전화를 받았다. 인터뷰 스케줄을 조정했다는 것이다. 그녀는 비행기가 출발할 때 자신에게 전화를 하면 그에 맞춰 스케줄을 조정하겠다고 조시에게 말했다. 그 말을 듣고 조시는 훨씬 편안해졌다. 그는 그것이 조지가 틀렸다는 신호라고 생각했다. 새로운 직업을 갖게 되면 훨씬 더 행복해질 것이다.

"글쎄요, 만약 끌리는 대로 행복을 정할 수 없다면, 저는 어떤 것을 통해서 새로운 직업을 찾아야 할지 아니면 지금 제가 가진 직업에 머물러 있어야 할지 결정할 수 있을까요?" 조시가 물었다.

조지는 잠시 생각에 잠겼다. 그는 사는 동안 이 문제에 대해 생각해 보았고 모든 사람이 자신과 같이 생각하지는 않는다는 것을 알고 있었다. 그는 조시가 이해할 수 있는 방식으로 자신의 결론에 대해 설명해주고 싶었다.

"먼저 나는 당신이 신호를 보고 그것을 따라야 한다고 말해주고 싶군요."

오전 내내 조시는 신호 때문에 들떠 있었다. "그러니까 당신도 역시 신호를 믿나요?" 조시의 이 말에 조지는 후련해졌다. 조시가 신호를 믿지 않았다면 그들의 대화는 아마도 거기서 끝이 났을 것이다.

"네, 나는 신호를 믿어요." 조지가 눈을 반짝이며 대답을 했다. "내가 삶에서 자신을 이끌어 줄 저 너머의 신호를 보고 그것을 따르는 버스 운전기사를 만난 후부터 말이죠."

"그럼 그 신호가 명확하지 않을 때는 어떻게 하죠?" 조시가 물었다. "때때로 그것이 양쪽 방향을 가리킬 때도 있어요. 당신은 내가 무슨 말을 하는지 알겠지만."

"무슨 말을 하는지 알고 있어요." 조지가 말했다. "신호가 명확하지 않다면 몇 가지 간단한 질문을 해봐요. 현재의 직업에서 배워야 할 모든 것을 배웠는지. 그곳에서 더 성장할 수 있는 가능성이 있는지. 그 일에서 자신이 할 수 있는 최선을 다했는지. 자신의 잠재력을 모두 발휘했는지 말이죠."

"만약 자신의 일에서 배워야 할 모든 것을 배웠고 더 이상 발전할 수 없고 당신이 해야 할 모든 것을 했으며 모든 잠재력을 발휘했다면 그때가 바로 옮겨야 하는 시기죠. 그러나 당신이 속한 곳에서 배울 것이 있고 발전할 가능성이 있으며 그곳에서 아직 당신이 발휘할 수 있는 모든 잠재력을 끌어내지 못했다면 그곳에서 혼신을 다하는 것을 선택해야 해요."

"만일 그곳이 아닌 다른 곳에서 성장하고 싶고 무엇인가 당신이 직장을 옮겨야 하는 이유가 있다고 해보죠. 그렇다면 당신 회사 내의 새로운 부서로 승진을 해서 갈 수도 있고 해고를 당할 수도 있겠죠. 그건 바로 그곳이 아닌 다른 곳에 당신을 위한 더 나은 일이 있다는 신호가 될 거예요. 사람들은 늘 직업을 놓치곤 하죠. 나는 그것이 언제나 그들이 다른 곳에서 성장하기를 바라기 때문임을 알고 있어요. 그들은 해고라는 형태로 그것을 보게 되는 것이죠. 나는 그것이 승진이라고 생각해요. 나는 역경이 끝이 아니라 자신이 상상하는 더 나은 길로 향하는 우회로라는 것을 배웠어요. 내가 조금 더 이해하기 쉽게 이야기 하나를 해줄까요?"

조시는 시계를 보았다. 그들은 지연된 한 시간을 잘 보내고 있었고 바깥의 하늘은 여전히 밤처럼 깜깜했다. 그는 그들에게 아직 주어진 시간이 있으며 아직도 배워야 할 것이 많다는 것을 알고 있었다. "물론이죠." 그는 조지의 이야기가 자신이 좀 더 쉽게 결정을 내리는데 도움이 되기를 바라며 말했다.

"몇 년 전에 나는 차가 고장이 나서 어쩔 수 없이 출근을 위해 버스를 탔어요. 그 당시 내 결혼생활, 직업, 그리고 내 삶은 완전히 엉망이 되어 있었죠. 나는 그 누구와도 말을 하고 싶지 않았어요. 하지만 그 버스를 운전하던 기사는 내가 슬픔에 빠져있지 못하게 만들었죠. 우리는 이야기를 시작했고 그녀는 내 삶의 방향을 바꾸었어요. 그 이후로 나는 내가 도울 수 있고 나를 도울 수 있는 사람과 이야기를 해야겠다고 생각했죠. 나는 우리 모두가 스승이자 학생이라는 것을 배웠고 감동을 줄 수 있는 삶이 모든 것을 바꿀 수 있다는 것을 배웠죠."

"그 버스기사가 도와준 후부터 나는 일이 잘 풀리기 시작했어

"나는 역경이 끝이 아니라 자신이 상상하는
더 나은 길로 향하는 우회로라는 것을 배웠어요."

요. 나는 마케팅 매니저에서 마케팅 이사가 되었고, 결국은 우리 회사의 전 지역을 총괄하게 되었어요. 일은 순조로웠고 가족들은 행복했어요. 물론 나도 행복했고요. 그러던 어느 날 다른 회사에서 함께 일할 생각이 있냐는 전화를 받게 되었어요. 내가 왜 그러겠다고 대답을 했는지는 모르겠지만 나는 그러겠다고 이야기를 했죠. 당신이 알아야 할 것은 이 제안을 받은 뒤에 나는 마음속으로 스스로에게 다른 곳에서 더 행복해질 수 있다고, 영향력이 더 커질 수 있고, 가족을 위해 훨씬 많은 돈을 벌 수 있을 거라고 이야기하기 시작했다는 거예요. 그래서 나는 제안을 받아들였고 회사를 옮기기로 결심했어요. 하지만 돌아보니 나는 그곳에 있는 동안 내 역량을 충분히 발휘하지 못했고 더 성장할 수 있었죠. 나는 너무 빨리 그곳을 떠난 거예요. 돌아보니 신호는 분명했는데 내가 자부심을 잃고 무시해 버린 것이죠."

"내가 새 회사로 자리를 옮기고 일 년이 지나지 않았을 때 경기가 나빠지기 시작했고 결국 회사를 그만두게 되었어요. 나는 누가 50대의 남자를 고용할지를 스스로에게 물었어요. 담보로 곧 넘어갈 예정이던 별장이 있는 해변을 걷던 어느 날 나는 바다로 뛰어드는 것이 더 쉬울 거라는 생각을 했어요. 하지만 그때 지금의 당신보다 조금 어렸던 내 아들을 떠올리고는 '내가 여기서 포기한다면 아들은 무엇을 배우게 될까? 만약 내가 이 도전을 극복하지 않는다면 아들은 어려움이 닥쳤을 때 포기하는 것을 배우게 될 거야. 나는 아들에게 아버지가 지쳐 쓰러지더라도 다시 극복할 수 있다는 것을 보여주어야 해. 그래야만 삶에서 고난이 닥쳤을 때 아들이 다시 일어날 수 있을 것이라는 걸 알게 될 거야'라고 생각했죠."

"나는 아들에게 고난이 닥쳐도 극복하는 모습을 보여주자는 생각에 용기를 얻었어요. 나는 팽개쳐둔 이력서를 꺼내들고 같은 업계에 있는 친구들과 동료들에게 전화를 걸었죠. 그리고 다양한 회사에 연락해서 내가 일을 구하고 있음을 알렸죠. 그 후 몇 달 동안 나는 수없이 면접을 보고 같이 일하자는 제안을 받았어요. 그리고 지금 나는 매일 같이 지금 일하는 회사를 성장시키기 위해 최선을 다하고 있어요. 재미있는 것은 내가 예전에 일하던 회사에서의 내 위치와 같이 한 지역을 담당하고 있다는 것이죠."

"와, 정말 놀라운 이야기인데요." 조시는 아버지가 삶에 대해 자신에게 가르쳐 준 것들을 생각하며 말했다. "분명히 당신 아들은 당신을 자랑스럽게 여길 거예요."

"그 아이는 그래요." 조지가 말했다. "그리고 아내와 딸도 그렇죠. 어느 날 나는 아이들에게 알려줄 수 있는 가장 위대한 교훈

114

은 우리가 삶을 어떻게 살아가는지, 또 역경을 어떻게 극복하는지 보여주는 것이라는 걸 알게 되었어요. 해고를 당한 것은 내가 삶에서 마주친 가장 큰 고난이었지만 돌아보면 내가 직장을 잃었던 이유는 준비되지 않았을 때 직장을 옮겼기 때문이라는 걸 알았어요. 요즘 젊은이들은 모두 최고경영자가 되고 싶어 하지만 그 준비과정을 극복하려고 하지 않아요. 내가 배운 것은 무조건 뛰어들어서는 안 된다는 거예요. 당신이 어디에서 더 행복할지는 중요하지 않아요. 미래는 종종 환상을 가지게 해서 현실인 지금보다 더 좋아 보이죠. 중요한 것은 당신이 있는 곳에서 그 환상을 현실로 만들어야 한다는 거예요. 이것은 일, 사람들과의 관계, 삶 모두에 해당하죠."

조시는 휴대전화를 들어 헤드헌터로부터 온 메시지를 읽었다. 그녀는 무슨 새로운 소식이 있는지 궁금해 했다. 조시는 답신을 보냈다. '아직 대기 중입니다. 출발할거라는 방송은 아직 없네요.' 그는 기장의 출발예정 방송을 기다리고 있었다. 조시는 조지의 말을 충분히 이해했지만 아직은 새로운 직장의 유혹을 무시하기에는 너무 컸다. 그는 이야기를 하고 있는 조지를 바라보았다.

"그러니 결정을 내릴 때에는 당신이 제일 행복할 곳을 선택하는 것이 아니라 가장 많은 것을 배울 수 있는 곳을 선택하도록 해요. 당신의 잠재력을 가장 잘 발휘할 수 있는 곳을 선택하세요. 당신이 있는 곳에서 성장할 수 있는 만큼 성장했다면 그때는 다른 곳으로 옮겨야죠. 그러나 도전을 위해 떠나지는 말아요. 사람들은 어려움을 마주하게 되면 종종 그것을 피해버리지만 자신을 성장시키려면 그것과 마주하고 거기서 많은 것들을 배워야만 해요. 그리고 일이나 삶에서 마주치는 많은 것들을 헤쳐 나가야 하고, 그로 인해 힘이 들겠지요. 그러나 그것이 우리를 미래의 행복으로 나아갈 수 있는 법을 알려주죠. 그것이 좋든 나쁘든 모든 직업은 우리가 나중에 하게 될 일을 할 수 있는 능력을 가질 수 있게 하죠. 도전만이 당신을 더 강하게 만들어요."

조시는 조지의 이야기가 옳다고 생각하며 고개를 끄덕였다. 아마도 그는 도전을 회피하려고 했는지 모른다. 아마 그는 의미 있는 현실을 만들기보다 환상을 쫓고 싶었을 것이다. "그럼 저는 어떻게 해야 하죠?" 조시는 휴대폰을 바라보며 절망적인 목소리로 물었다.

"당신의 일에 완전히 집중할 마음을 먹어야죠." 조지는 자신 있게 대답했다. "그것을 하지 않은 것이 내가 직장을 떠나게 된 이유라고 생각해요. 그러나 생각해보면 내 일이 변했던 것이 아니라 내가 변했던 거예요. 나는 당신이 자신의 열정을 일과 당신이 하려고 하는 것의 목적에 쏟는다면 행복은 자연히 얻게 될 것이라는 걸 알아요. 당신이 그것을 찾을 필요는 없어요. 행복이 당신을 발견할 테니까요."

조시는 조지가 열정과 목적이라는 말을 했다는 것을 믿을 수 없었다. 만약 조시가 신호를 찾았다면 이것이 바로 그 신호였다. 그는 주머니에 넣어놓은 씨앗과 농부가 했던 말이 생각이 났다. 그것을 어디에 심을지를 찾으면 목적을 알게 될 것이라는 말이 생각난 것이다. 그는 깊은 생각에 빠져 하마터면 게이트를 향해 돌아가고 있다는 기장의 방송을 듣지 못할 뻔했다. 이륙이 취소되어 승객들은 다른 비행기를 다시 예약해야만 했다.

조시는 피곤했고 지쳤으며, 혼란스런 마음으로 비행기에서 내렸다. 그는 조지와 명함을 주고받고 그의 조언에 감사해 하며 헤어졌다. 조시는 조지와 연락을 계속하고 싶었다. 그는 면접을 보러갈 도시로 향하는 비행기를 안내하는 모니터를 응시했다. 오후 면접시간에 도착할 수 있는 비행기는 세 편이 있었다. "내가 가야만 할까?" 그는 결정을 내리긴 했지만 자신 없게 스스로에게 물었다. "우리는 장애와 마주쳐 시험에 들곤 하지." 그는 생각했다. "다른 장애물은 해로운 것으로부터 우리를 보호하기도 하고. 이것은 어느 쪽일까?"

그는 마음의 소리를 들어보라고 한 농부의 말을 기억했다. 그래서 그는 마음속에서 들리는 가장 큰 소리를 따르기로 결정했다. 조지는 조시가 알아야 할 진실에 대해 말해주었다. 조시는 조지의 말과 비행기가 취소된 것이 그가 바른 길로 갈 수 있는 신호라고 믿기로 했다. 그는 모니터에서 몸을 돌려 공항 출구를 향해 걸으며 헤드헌터에게 전화를 걸었다. 그는 다음 비행기를 타지 않을 것이다. 그리고 면접을 보지도 않을 것이다. 그는 돌아가 자신의 가능성을 키워줄 일을 하기로 했다.

# 18장
# 결정의 순간

어떤 일을 하려고 결정하는 것은 쉽다. 그러나 어려운 것은 실제로 그것을 하는 것이다. 조시는 공항에서 집으로 차를 몰고 돌아오며 이것에 대해 생각했다. 조지는 열정과 목적을 가지고 일하다보면 자연스럽게 행복을 얻을 수 있을 것이라고 말했다. 지금 중요한 것은 조시가 이것을 현재 자신의 상황에서 할 수 있느냐 하는 것이다. 그는 이미 흥미를 잃어 생산성이 떨어지는 자신의 일을 다시 배우고 성장시키며 일할 수 있을까? 다른 회사에서의 새로운 일에 대한 생각은 흥미로운 환상을 가져다 주었다. 그리고 그는 지금 그 환상에서 깨어나 현재의 일이라는 현실로 돌아오려고 하는 것이다.

그는 손에 쥔 씨앗을 보았다. "그래, 나는 이제 이것을 어디에 심어야 할지 알겠어." 그는 혼잣말을 했다. 조지가 잠재력을 최대로 발휘해야 한다고 했을 때 조시는 마음으로 먼저 느꼈다. 씨앗을 과거에 심을 수는 없다. 또한 미래에 심을 수도 없다. 그것을 심어야 할 유일한 곳은 바로 지금, 현재인 것이다.

해답은 바로 그의 앞에 있었지만, 그는 아직 그것을 보지는 못했다. 그도 알아야만 한다. 삶의 위대한 질문에 대한 답은 언제나 늘 가장 간단한 것이다. 그는 자신의 씨앗을 지금 자신의 직업에 심을 것이다. 그는 자신의 일에 혼신을 다할 것이며 기꺼이 배우고 키우며 일할 것이다.

조지가 말했던 것처럼 조시가 자신의 회사를 성장시켜야 한다면 그는 그렇게 할 것이다. 그리고 승진을 하고 그곳이 아닌 다른 곳으로 옮겨야 한다면 그 일은 일어날 것이다. 그의 일은 분명 할만한 것이고 어디에 있든 그가 현재 가진 기회를 심어야 할 곳이다.

그는 농부가 씨앗을 심을 곳을 찾게 되면 돌아오라고 말했던 것이 기억이 났다. 조시는 상사에게 자신의 결정을 알리기까지는 아직 며칠의 시간이 남아있었으므로 다음날 농부를 찾아가기로 마음먹었다.

그는 씨앗을 어디에 심을지는 결정했지만 자신의 목적은 아직 찾지 못했다. 아마도 그가 놓친 것들을 볼 수 있도록 농부가 도와줄 것이다.

# 19장
# 신의 완벽한 타이밍

아파트로 돌아왔을 때 조시는 달마가 바닥에 누워 있는 것을 보았다. 마치 그에게 "당신을 기다렸어요."라고 말하고 있는 것처럼 달마는 그를 쳐다보았다.

달마는 조시가 다이빙 할 때처럼 등을 말아 바닥에 배를 문지르고 있었다. "만약 진정한 기쁨이 무엇인지 알고 싶다면 그것은 바로 이곳에 있어요."라고 그에게 말해주고 싶어 하는 것 같았다. 그러나 그는 언제나 미래를 위해 정신없이 뛰어왔기 때문에 진정한 기쁨이 무엇인지 알지 못했다. 다른 사람들과 마찬가지로 그는 미래가 지금 바로 그에게 펼쳐지기를 바랐다. 그러나 그는 현재를 즐기지는 못했다.

'정말 안 된 일이지.' 달마는 생각했다. '그것이 조시를 포함한 너무 많은 사람들에게 영향을 미치고 있어. 사람들은 과거를 사느라 너무 많은 시간을 허비하고 미래에 대해 상상하는데 시간을 쓰느라 현재를 완전히 즐기지 못해.' 개들은 그 순간을 즐기는 방법을 알고 있었다. 그러나 사람들에게는 그것이 가장 어려운 문제 중 하나였다. 개들은 말을 못해서 할 수 없는 일들이 있었지만 사람들은 분주한 마음 때문에 하지 못하는 일들이 있었다.

달마는 조시와 같은 젊은 사람들이 미래에 뛰어드는 것이 심각하다는 것을 알고 있었다. 그것은 젊은 사람들의 생각인 것처럼 여겨졌지만 더 심각한 것은 우주가 자신들과 자신들의 시간을 중심으로 돌고 있다고 그들이 생각하는 것이다. 달마는 종종 조시와 그의 친구들이 서른 무렵에는 자기 회사의 대표가 될 거라 이야기하는 것을 들었다. 조시와 그의 친구들에게 말해주고 싶은 것은, 세상이 그들의 시간에 맞춰 돌아가는 것은 아니라는 것이다. 시간은 '신의 완벽한 타이밍'에 맞춰 움직인다. 모든 일에는 시간과 때가 있는 것이다. 움직여야 할 때가 있고 쉬어야 할 때가 있다. 많은 일들이 일어나는 시기도 있지만 자꾸만 지체되는 시기도 있다. 삶에서 마주치게 되는 지연은 모두 그 이유가 있다. 사람들은 늦어지는 것을 싫어하지만 그것이 바로 사람의 삶을 준비하고 자라게 하는 근원이 된다. 그 늦어지는 시기에 자신을 돌아보고 배우며 바로잡을 수 있다. 또한 사람들과 상황, 그리고 일을 정리한다. 신의 완벽한 타이밍에 따라 모든 일이 그 의도대로 이루어지는 것이다. 그 모양을 잡아가고 미래를 준비하기 위한 시간도 있지만 지연과 어려움도 이 모든 과정의 부분이다. 그것은 서두를 시기가 아니다. 서두르게 되면 스트레스만 받을 것이고 바른길로 이끌어줄 신호를 보지 못하게 된다. 서두름은 준비를 위한 기회를 빼앗고 결국은 실패로 이끈다. 더 나은 방법은 속도를 줄이고 삶이 자신에게 제시하는 과정을 따르는 것이다. 이것은 미래를 준비할 수 있게 해주며 또한 현재를 즐길 수 있게 한다.

달마는 자신이 어떻게 왜 이런 것을 알고 있는지 알 수 없었다. 몇몇 이유로 인해 개들은 사람이 알지 못하는 것들을 알고 있다. 개들은 사람들이 스스로 해결해야만 알 수 있는 것들을 알고 있다.

조시는 달마에게 농부를 만나러 갈 것이라고 말했다. 달마는 농부가 조시에게 자신이 알려줄 수 없는 것들을 알려줄 것 같아서 기뻤다.

# 20장
# 목적 과정

조시와 달마가 농장을 찾은 지 2주밖에 지나
지 않았지만 마치 한평생이 지난 것과 같은
느낌이 들었다. 세찬 바람이 불어와 시원한 공기를 북쪽으
로 향하게 했다. 평일인 탓에 하늘에서 미로를 보기 위해 줄을 선
사람들과 조종사가 없어 한산했다. 파란 하늘은 회색으로 변해 있
었고 2주 전의 시끌벅적한 소리는 고요함으로 바뀌어 있었다. '그
래 모든 일에는 때가 있는 거야'라고 조시가 달마를 차에 두고 농
부를 만나러 갈 때 달마는 생각했다. 조시는 농장을 모두 뒤졌지
만 농부를 찾지 못했다. 조시는 농부가 분명히 미로에 있을 것이
라고 생각했다. 그곳에는 어린 아이들과 함께 온 몇몇 사람이 여

전히 미로를 통과하는 길을 찾고 있었다. 대부분의 사람들은 출근을 하거나 학교에 있었지만 미로는 젊은이들과 마음이 청춘인 이들에게 모험하고 싶은 마음이 들게 했다.

조시는 미로에 다가가며 그것을 다르게 보았다. 그는 그것을 높은 곳에서 바라보았고 그것은 더 이상 길을 잃을까 고민할 대상이 되지 못했다. 그는 시작과 끝이 연결되어 있음을 아는 사람의 자신감으로 그 안에 들어갔다. 그리고 두려움 없이 미로를 달려 농부를 찾았다. 한 지점에서 그는 옥수숫대 벽과 마주치게 되었고 선택을 해야만 했다. 오른쪽으로 가야할까 아니면 왼쪽으로 향해야 할까? 그것은 그가 새로운 문제를 가지고 있었을 때를 떠올리게 했고 다시 한 번 농부가 자신에게 길을 제시해 줄 것이라는 것을 믿었다. 조시는 신발 끈을 매기 위해 몸을 숙였을 때 누군가의 신발이 자기 앞에 있는 것을 보았다. 몸을 일으켰을 때 앞에서 있는 사람이 농부였기 때문에 조시는 기뻤다. "당신을 찾고 있었어요." 조시는 흥분해서 말했다.

"조시, 자네가 다시 오다니 기쁘네." 농부는 조시를 기억하고 있음을 알려주기라도 하듯 말했다. "이번에는 많이 헤매는 것 같지 않군. 내 생각엔 이번 여행이 성공적이었던 것 같은데. 그렇지?"

"글쎄요, 그럴 수도 있고 아닐 수도 있어요." 조시가 말했다. "당신이 제게 준 씨앗을 어디에 심을지 정했어요. 하지만 당신은 제가 그것을 심을 곳을 정하면 목적을 알게 될 거라고 말했는데 아직도 그것은 스스로 나타나지 않고 있어요."

농부는 웃었다. "맞아, 조시. 그것이 자네에게 나타날 거라고 내가 그렇게 말했지. 그러나 나는 그것이 바로 나타날 거라고 말하지는 않았네. 자네의 목적이 밝혀지려면 시간이 걸리네. 자네가 그것이 나타나기를 2주나 이틀 혹은 두 달 동안 기다렸다고 해도 그것은 나타나야 할 시간에 나타날 거라네. 하지만 한 가지는 장담할 수 있지. 자네의 계획 중 일부가 이미 나타났다는 것에 내 농장을 걸고 말할 수 있다네. 다만 그것을 보지 못할 뿐이지. 몇 가지 질문을 하지. 자네는 씨앗을 심을 곳을 찾는 동안 무엇을 배웠나?"

"저는 제가 과거에서 배워야 한다는 것과 과거가 제 미래를 준비한다는 것을 배웠어요. 저는 과거로부터 배울 수는 있지만 씨앗을 그곳에 심을 수는 없다는 것을 알게 되었어요. 또한 씨앗을 미래에 심을 수 없다는 것도 알게 되었죠. 저는 씨앗을 지금 있는 현재에 심을 수밖에 없다는 것과 지금 현재의 일에 그 씨앗을 심어야 한다는 것을요. 그곳이 제가 배우고 자라고 노력해야 할 곳이라는 것도요."

"내가 그렇게 말했지." 농부가 말했다. "목적은 자네에게 나타 났다네. 전부는 아니더라도 처음 단계는 말이야. 자네도 알다시 피 목적은 양파와 같아서 여러 개의 층을 가지고 있네. 목적의 첫 번째 층은 자네가 있는 곳에 그것을 심는 것이고, 자네가 되고자 하는 모든 것에서 결정을 해야 한다는 것이야. 자네의 강인함과 재주 그리고 재능을 사용해 자네보다 더 큰 무언가를 위해 자신의 능력을 쓰도록 노력해야 한다는 것을 말일세."

"지금 자네가 있는 곳에 씨앗을 심기로 결정한 순간 자네는 자 신이 씨앗이라는 것을 알게 되었을 걸세. 조시, 그것은 단순히 씨 앗을 키우는 것이 아니라 자기 스스로를 기르는 거야. 씨앗이 그 들의 운명에 따라 무언가가 되려면 거쳐야 할 과정들이 있고, 자 네도 역시 같은 과정을 겪어야 한다네."

"그리고 이 과정들을 통해 양파 껍질이 벗겨지게 되는 것이 고, 목적이 드러나게 되는 거지. 마침내 삶의 모든 것은 스스로가 만들어가는 것들을 위한 목적이라는 걸 알게 될 거야. 그것은 자 네가 사업가든 학생이든 선생이든 운동선수든 어떤 직업을 가지 고 있는지와는 상관이 없네. 그것은 지금 자신이 있는 곳에 자신 을 심고 자신이 가게 될 더 큰 목적으로 가게 하는 전달자가 되게 하는 것이야."

"그렇다면 이 과정은 시간이 얼마나 걸릴까요?" 조시는 자신
이 더 큰 목표를 위해 살고 싶어 하고 있으며 자신에게 그것을 헤
쳐 나갈 인내심이 있는지 궁금해 하며 물었다.

"그 과정은 평생 동안 지속되는 걸세, 조시. 자신의 목적대로
산다는 것은 일회적인 일이 아니야. 그것은 말일세," 농부는 잠시
말을 멈추고는 옥수숫대를 들어 살펴본 후 말을 이었다. "지금 말
하자면 말이야. 사람들은 각자 스스로의 목표를 다른 시간에 찾
게 된다네. 어떤 사람들은 어렸을 때 그것을 키우기로 마음먹고,
다른 이들은 조금 나이가 들었을 때 그런 결정을 내리지. 불행하
게도 스스로를 기르지 않는 사람들도 있지. 그들은 의미 없이 삶
을 살게 되는 걸세."

"모든 사람들은 각자 독특하니까 그들이 가진 과정이나 상황
을 거쳐서 자신들의 소명을 발견하고 살게 되는 것이지. 그러나
한 가지 분명한 것은 모든 사람들은 자신의 삶에서 목적을 발견하
기 위해 네 가지 단계를 거친다는 거야. 그 단계는 모든 사람에게
서 각각 다른 시간에 밝혀지고 각각의 단계에 필요한 기간은 각
자의 목적과 여정에 달려 있지. 하지만 변함없는 한 가지는 모든
사람들이 자신의 목적을 발견하고 살기 위해서는 네 단계를 거쳐

야 한다는 걸세. 그 목적은 몇 살인지 천직이 무엇인지 어떤 학교를 다녔는지와는 상관이 없네. 그것은 오직 자신이 되고 싶은 사람이 되기 위해 얼마나 자랐느냐와 관련이 있지."

그때 조시는 아름다운 소리를 내는 바람소리를 들었다. 그리고 골드먼 교수가 음악에 대해 말하며 삶이라는 교향곡을 만드는 소리를 연주하라고 했던 말이 생각이 났다. 음악을 창조하는 데는 정말로 영감을 얻는 강렬한 순간과 괴로워하고 의심하는 시간을 통해 조화를 만들어야 하는 것이다. 새로운 음악에 생명을 불어넣는 것은 흥미롭지만 종종 매우 큰 도전이고 그것은 그가 여러 차례 해왔던 일이다. 그것은 아주 고통스럽지만 반드시 필요한 것이다. 조시는 목적단계도 이와 같을 것이라는 느낌이 왔다. 고통이 올 것이라는 예감이 그를 주저하게 했지만 그는 자신이 그것을 해야만 한다는 것을 알고 있었다. 마지못해 그는 그 네 단계에 대해 설명해 달라고 부탁을 했다.

# 21장
# 목적의 네 가지 단계

농부는 조시에게 자신의 이름을 말해주지 않
았지만 조시는 왠지 그가 자신을 줄곧 알고
있었다는 느낌을 받았다. 그의 회색 머리와 수염, 그
리고 입고 있는 옷은 그를 나이 들어 보이게 했다. 그러나 조시가
농부의 얼굴을 처음으로 가까이서 보았을 때 그에게는 젊은이의
광채가 있었고, 그가 목적에 대해 이야기할 때는 그의 푸른 눈이
빛난다는 것을 알게 되었다.

"자네는 이미 첫 단계를 지나고 있다네." 농부가 말했다. "그
것은 어떤 사람이 자신의 씨앗을 심으려고 결정할 때까지의 단계
지. 바로 준비단계라네. 준비단계에는 그 사람의 탄생과 태어난

가족, 나약함과 강함, 재능, 열정, 태어난 곳, 경험, 어려움과 삶을 통해 배운 교훈이 포함되지. 심기 위한 토대가 되는 것들이야."

"이 단계에서는 자신이 자라서 무엇이 될지 그 성격이 결정되지. 그리고 자신의 소명을 준비하기 위한 몇 가지 역경을 경험하게 되네. 마치 어둠을 경험하지 않고는 빛이 무엇인지 알지 못하는 것과 같지. 그것을 찾으려고 노력하지 않는다면, 목적을 이루기 위해 사는 것의 기쁨을 어떻게 알 수 있겠나?"

농부는 몸을 굽혀 동그랗게 만 손에 흙을 쥐고 조시에게 보여주었다. "고난은 가뭄을 겪는 시기라네." 그가 덧붙였다. "가뭄은 생각이나 돈, 행운, 관계, 성공이 모두 메말라버리는 시기라네. 어쩌면 직업을 잃거나 사랑하는 사람의 죽음을 경험하거나 개인적인 아픔이 있을지도 모르지. 그것은 거대한 불확실성과 두려움의 시기이지. 그런 시기에는 아마도 사막에 있는 것 같이 세상의 번영이나 건강 혹은 성공과는 동떨어져 있는 것 같은 느낌을 가지게 될 걸세. 무엇인가에 대한 갈증이나 배고픔이 계속되겠지. 어쩌면 사막을 어떻게 지나야 할지 몰라 희망을 버리거나 자포자기해버리겠지."

"그러나 목적의 다음 단계로 가게 되면, 삶의 준비단계를 돌아보게 될 거라네. 그리고 오늘의 자신이라는 사람을 만든 것이 바로 가뭄이라는 것을 알게 될 걸세. 가장 큰 고난이 자신이 살아갈 수 있는 준비가 되고 큰 목적을 이루게 하는 토대가 되는 것이지. 그리고 자신의 삶에서 가장 끔찍한 일은 삶의 임무를 준비하게 하는 것이라는 걸 알게 되겠지."

"건조한 기후에서 사는 식물이 물을 찾기 위해 더 깊이 뿌리를 내리는 것과 같이 개인적인 가뭄은 해답을 찾게 하고 자신을 강하게 만드는 근원이 될 걸세. 그리고 그 고난이 자기 스스로를 심고 싶어 하는 마음을 갖게 하겠지."

"그 말이 정말 맞네요." 조시가 말했다. "지난 몇 년 동안 모든 것이 말라붙었어요. 제 아이디어도 열정도 성공도 말이죠. 모든 것이 멈추어버렸죠. 저는 그것이 매우 심한 가뭄이 아니라는 것은 알고 있지만 지난 몇 년 동안은 확실히 말라버렸어요."

"가뭄은 가뭄이라네. 어떤 것은 다른 것에 비해 심하지 않거나 기간이 짧을 수도 있겠지. 그러나 그것이 무엇이든 자네를 다른 곳으로 이끌어 준다네. 자네의 가뭄은 자네를 어디로 향하게 했나?" 농부가 물었다.

"그것이 저를 당신에게 데리고 왔죠." 조시는 확신을 가지고 말했다. "그것이 제가 목적을 찾게 만들었어요. 그것은 저를 과거로 이끌고 제 현재의 일에 씨앗을 심을 결정을 내리게 했죠."

"자네 일에 씨앗을 심게 된다면, 그것이 자네를 어느 곳으로 데리고 가길 바라나?" 농부가 물었다.

"솔직히 저는 일에 대해 지금보다 더 큰 열정과 목적의식을 느끼기를 바라고 있어요." 조시는 조지와 나눈 대화를 기억해내며 대답했다. "그리고 만일 저의 더 큰 목적이 제게 결론을 찾을 수 있게 돕는다면 그것이 바로 선물이 되겠죠."

"자네가 그렇게 말하다니 나는 자네가 목적의 두 번째 단계인 파종단계에 접어든 것 같아서 기쁘군." 농부는 자신의 얼굴과 파란 눈에 빛을 띠며 말했다. "준비단계는 자네가 파종단계를 준비하도록 도울 걸세. 그것은 자네가 심을 장소를 찾는 것을 돕지. 그것은 자신을 심는 걸 돕고 어디에 심어야 할지를 알려주는 결정적인 순간을 선물하고는 한다네. 자네에게 그 결정적인 순간이 있었나?" 농부가 물었다.

"네, 그래요. 저는 비행기 안에서 자신의 삶에 대해 이야기해 준 남자를 만났고 그것이 제 삶을 안내해 주는 신호라는 걸 알게 되었어요."

"그래, 나는 사람들이 여행을 통해 마주치게 되고 서로에게 신호를 주는 방식을 좋아하지. 자네가 맞이한 그 결정적인 순간은 바로 대화였던 것이고. 다른 사람들에게는 그것이 혼란, 질병, 기도의 순간, 친구나 낯선 이의 충고, 긍정적인 느낌, 마음에서 나오는 확신일 수도 있지. 혹은 자신이 무엇을 해야 할지를 온 몸이 느끼게 해주는 신호일 수도 있지. 그 결정적인 순간을 가져다주는 것이 무엇이든 그때가 바로 스스로를 어디에 심어야할지 결정해야 하는 순간이라네."

"파종단계에서 그것이 다른 사람들이 바라는 자신이 변할 모습이 아니라는 것을 알게 될 걸세. 그것은 스스로가 바라는 모습도 아니라네. 그것은 바로 자신이 만들어낼 수 있는 것에 관한 것이지. 조시, 자네도 알다시피 씨앗을 심을 때는 자신의 비전과 열망을 가지고 있어야 하네. 그것은 스스로는 살아남을 수 없기 때문에 훨씬 더 큰 생명을 줄 수 있는 거라네. 땅속으로부터 무엇인가가 올라와 그 고통스러운 원래의 모습을 뛰어넘어 자라는 것이지. 그것은 회사에서 일하든 혹은 병원이나 학교에서 일하는지와는 상관이 없지. 사업가든 운동선수든 예술가든지 가수이든지 집에서 아이를 돌보는 부모이든지와도 상관없지. 자신의 삶에서 가져야 할 것은 스스로를 어디에 심을지 결정하고 자신이 다른 사람을 도울 수 있는 사람이 되어야 한다는 거지. 스스로를 심기만 한다면 다음 단계로 갈 수 있을 걸세. 자네는 아직 그 끝에 다다르진 못했지만 말이지. 그것은 매우 흥미롭고 도전적인 여행이 되겠지.

135

그러나 앞으로 마주칠 모든 오르막과 내리막길은 목적의 세 번째 단계인 성장단계를 위한 것임을 기억하기를 바라네."

"성장단계는 얼마 동안이나 지속되죠?" 조시가 물었다.

"그것은 사람에 따라 다르기 때문에 확실히 말해줄 수는 없네. 씨앗을 만든 사람과 씨앗만이 그것이 무엇이 될지, 자라는데 얼마나 시간이 걸릴지 또 어디까지 닿을지 알고 있으니."

"그러나 내가 말할 수 있는 건 스스로를 심기로 마음먹었을 때부터 갑작스럽게 자라게 된다는 것이라네. 이 단계에서 씨앗이 나무에게 생명을 가져다주는 것이지. 그곳이 바로 자라고 뿌리를 내릴 곳이지. 자네는 자네의 성장을 보장해줄 좋은 상황들을 겪게 되겠지. 초심자의 행운이 여기서 나타나는 거라네. 좋은 사람들이 나타나고 좋은 환경이 성장을 도울 걸세. 스스로를 심기로 결정하면 신이 온 세상을 움직여 성장을 도울 것이고 마지막인 네 번째 단계를 경험할 수 있을 걸세."

"하지만 성장이 언제나 쉬운 것은 아니에요." 조시가 말했다. 조시는 아버지로부터 성장이란 성공과 좌절을 거치며 얻어지는 것이라는 걸 충분히 들어 알고 있었다.

"실제로 그렇지." 농부가 말했다. "자네는 정말 현명한 젊은이로군. 성장단계에서 마주치게 될 많은 일들은 자네가 더 높이 오

"자네의 목적과 믿음은 다른 사람들의 것보다
더 크다는 것을 늘 기억하길 바라네."

를 수 있게 도와줄 걸세. 하지만 자네는 자신의 뿌리를 단단하게 할 고난이나 역경과도 마주치게 되지. 마지막 단계까지 자랄 수 있게 도와주는 영양분을 경험하게 될거야. 그리고 때로는 덤불의 가지를 쳐내거나 자네를 방해하는 일들과 마주치겠지. 그러나 그것은 결국 자네가 되고자 하는 사람이 되는 데 도움을 주지. 자네가 '나는 이것을 할 수 있어.' 그리고 '나는 제대로 된 길을 가고 있어.'라고 말하는 순간이 오게 된다네. 또한 많은 어려움과 자네 자신과 자네의 길을 시험하는 사람들과 마주하게 되겠지."

"저는 당신이 이야기하는 도전에 대해 알고 있어요." 조시가 말했다. "제 아버지는 언제나 이야기하셨죠. 사람들은 축복이 완벽한 모습으로 나타날 거라고 생각하지만 그것은 세상을 파괴하려 하는 모습으로 나타나고는 한다고요. 그러므로 새로운 믿음과 신용을 가지고 다시 제 삶을 세워야 한다고 하셨죠. 때로는 쓰러질 때도 있지만 그로 인해 더 높이 자랄 수 있는 것이라고요."

"그래." 농부가 말했다. "그리고 올바른 바탕 없이는 더 많이 자랄 수 없다네."

"저는 제가 비관론자와 마주칠 것이라는 걸 알아요." 조시는 그 비관론자가 자신의 기반을 약하게 할 것이라는 걸 알고 있다고 말했다. "그들은 일하는 어느 곳에나 있죠."

"그들은 삶의 어느 곳에나 있다네." 농부가 대답했다. "자네의 목적과 믿음은 다른 사람들의 것보다 더 크다는 것을 늘 기억하길 바라네. 그리고 그 안에서 비관론자들과 마주치게 되겠지. 자신이라는 비평가는 그 누구보다 더 위험하고 자네의 꿈을 좌절시키기 쉽지. '다른 사람을 이끌 수 있는 나는 누구일까? 이 일을 하는 나는 누구일까? 스스로에게 자문하는 나에게 영향을 줄 수 있는 사람은 누구일까?' 그리고 이 시기에 자네의 열정과 바람은 아마도 두려움이나 자기 의구심을 극복하기 어려울지도 모르지. 신의 생각은 자네의 생각보다 더 깊고, 신이 자네의 삶에 대해 세운 계획은 스스로의 계획보다 더 크다는 것을 기억하게. 자네의 생각을 믿기보다는 신의 계획을 더 믿는다면 자네가 생각했던 것보다 더 큰 성공을 이루게 될 걸세. 다른 사람과 달라지려고 노력할 필요는 없다네. 단지 큰 바람을 가지고 노력한다면 신은 자네의 의혹을 극복하게 하고 축복해 줄 걸세. 자네는 그 축복을 가지고 다른 사람들을 도울 수 있게 될 거야."

조시는 몸을 굽혀 흙을 조금 집어 들었다. 차가운 땅의 기운이 손에도 느껴졌다. 그는 자기 회의에 대해 잘 알고 있었다. 그는 여러 방면에서 자신감 있게 행동하는 사람이지만 그도 역시 자기 회의에 빠져본 적이 있었다. "질투에 사로잡히기도 하겠죠." 조시는 자기 회의는 스스로의 성공과 다른 사람을 비교할 때 찾아오는 것이라는 것을 알고 있었다. 그가 스스로에게 정한 선에 도달하지 못할 때마다 그는 실망하고 좌절하고는 했었다.

"절대로, 절대로 남들과 비교하지 말게." 농부가 말했다. "성장의 가장 큰 적은 스스로가 미약하다는 생각과 자신의 성장이 보잘것없다는 생각이지. 다른 사람이 더 많은 물질적 성공을 이뤘거나 자신보다 더 높은 자리에 올랐다고 해서 그들이 더 중요한 사람이라는 의미는 아니라네. 모든 사람은 자신만의 길이 있지. 모든 이의 시간표는 다르다네. 모든 사람은 살아가기 위한 자신만의 목적과 목표가 있지. 스스로의 성장에 집중한다면 마지막 단계로 나아갈 수 있을 걸세. 그리고 자신이 얼마나 중요한 사람인지에 대해 알 수 있겠지."

조시는 골드먼 교수가 이야기했던 스스로의 소리를 내야한다는 말을 기억해냈다. 그리고 그는 삶의 모든 일들이 같은 원칙을 따른다는 사실에 놀랐다. 음악, 씨앗, 사람, 모두가 리듬과 과정을 가지고 있고 전체에 도움이 되는 부분이 있는 것이다. 식물은 생태계에, 소리는 협주곡에, 사람은 사회에 공헌을 하는 것이다. 모든 것이 중요한 것이 아니라 우리 모두가 중요한 것이라고 그는 생각했다.

"글쎄요, 만약 제가 중요한 사람이라면 저는 기꺼이 모든 어려움과 맞서겠어요." 조시는 아버지가 몇 년 동안 이야기해 준 역사와 세상을 바꾼 사람들의 이야기를 기억해내며 말했다.

"정말이라네." 농부는 말했다. "그리고 그런 장애물들은 마지막 단계로 가기 전에 자네를 시험하게 될 걸세. 우리는 빛과 어둠, 상승과 하락, 더위와 추위처럼 이원적인 세상에 살고 있지. 모든 것은 전체의 일부일 뿐이지. 스스로의 목적을 찾으려 노력할수록 그것을 방해하는 것들과 마주하게 되겠지. 그리고 궁극적인 목표에 가까이 갈수록 더 큰 저항이 다가오겠지. 어둠 속에서 길을 찾는 사람은 마지막 단계에 이르러 빛을 찾는다네. 불행하게도 꽤 많은 사람들은 그 성장단계에서 포기를 하게 되지만 말일세. 그 시험이 너무 강력해서 의지와 믿음이 흔들리게 되는 거지. 슬프게도 어떤 사람들은 네 번째인 마지막 단계로 가기 직전에 포기를 하곤 하지. 그들이 조금만 더 견뎌냈다면 아마도 세상에서 가장 기쁜 경험을 했을 텐데 말이야."

"마지막 단계는 무엇이죠?" 조시는 세상에서 가장 기쁜 경험이 무엇인지 알고 싶어 간절하게 물었다.

"말해줄 수 없다네." 농부가 말했다. "그것은 아주 강렬한 것이겠지. 그러나 자네에게 말해줄 수 있는 것은 세 번째에서 마지막 단계로 나아가게 되면 자신의 비전과 삶의 더 큰 목표가 아주 확실해진다는 것이라네. 아마 파종단계에서 이 비전에 대한 감을 가지게 되겠지. 성장단계에선 그것을 조금 더 명확히 알게 될 것이고. 그리고 마지막 단계에 다다르면, 아주 자신 있게 그것에 대해 분명히 설명할 수 있게 될 걸세."

"스스로의 목적을 알게 되면 모든 창조의 원동력이 되는 힘을 가지게 된다네. 자신이 살아있는 이유에 대해 알게 되겠지. 그리고 그 이유가 세상에서 가장 멋진 경험을 선사하고 그것을 살도록 할 걸세." 농부는 오른쪽으로 난 길로 향하며 말했다. "나는 내가 도와야 하는 다른 사람을 찾고 있다네. 떠나기 전에 한 가지만 말해주고 싶군. 신은 자네를 위한 큰 계획을 가지고 계시다네. 포기하지 말게. 자네는 정말 중요한 사람이야. 절대, 앞으로는 절대 포기하지 말게. 알겠나?"

"알겠어요." 조시는 고개를 끄덕이며 대답했다.

"그리고 마지막 단계가 무엇인지 알게 되면 꼭 다시 찾아오게."라고 말하며 농부는 미로 속으로 사라졌다.

# 22장
# Y-단계

달마는 가장 좋아하는 컨트리 음악과 농부에
게 배운 모든 것을 이야기해주는 조시의 목
소리를 들으며 집으로 돌아왔다. 달마는 그의 이
야기를 듣고 너무 기뻐 창밖으로 머리를 내밀고 싶은 마음을 꾹
참기로 했다.

그는 달마에게 목적 과정과 성장의 네 가지 단계에 대해 이야
기했다. 농부는 조시에게 세 번째 단계까지 알려주었고, 마지막
단계는 스스로 밝혀내야 한다고 말했었다. 조시는 달마를 위해 세
단계를 알려주었다.

**1단계: 준비**

**2단계: 파종**

**3단계: 성장**


달마는 그 말이 맞는 것 같았다. 그러나 달마는 각각의 과정을 다른 이름으로 불러야 한다고 생각했다. 더 간단하게 말이다. 달마는 그것을 Y-단계라고 불러야 한다고 생각했다. 개들은 결국 일을 간단히 생각하니까.

달마는 모든 사람이 더 큰 목적을 위해 존재한다는 것을 알고 있었다. 그들은 자신이 그 목적을 발견할 수 있기 전까지 기꺼이 큰 목적을 이용하면 되는 것이다. 달마는 그것이 현명한 도태과정이라고 생각했다. 익숙해진 자발성은 차이를 만들고 그것이 차이를 만들 수 있는 기회와 자원이 된다. 작은 일을 할 수 있는 사람은 큰일을 할 수 있는 사람으로 발전할 것이다. Y-단계가 그 모든 것을 가능하게 할 것이다.

사람들은 자신들의 이유(Why)나 'Y'(예를 들어 삶의 목적과 의미)를 찾으려고 할수록 그들은 자신들의 작은 'y'를 살아가도록 해야 하고 이것이 쉽게 차이를 만드는 길이다. 사람들은 이것을 직업이나 혹은 그 이외의 것에서 할 수 있다. 결국 몇몇 사람은 직업을 갖지 못하더라도 모든 사람은 차이를 만들어 낼 수 있다. 핵심은 바로 자신의 조그만 y를 살기 시작하고 일하기를 결심한다면 조시가 이야기한 것과 같이 네 단계를 통과하며 발전하게 될 것이고, 그러면 바로 자신의 큰 Y를 살게 될 것이다. 자신의 독특한 목적은 태어나기 전에 이미 결정되어 있다는 것이다.

Y-단계는 정말 간단하다. 작은 y가 기꺼이 일하고 성장하고 차이를 만드는 사람을 큰 Y로 향하게 이끌어 준다는 것이다. 다시 말하면 자신의 일에 대한 바람과 차이를 만들어 내는 것이 자신의 작은 y를 궁극의 목표인 큰 Y로 바꾸어 준다는 것이다.

비록 이 개념을 이해하는 것은 쉽지만 그것을 실제로 이행하는 것은 조시가 찾아내려 했던 것처럼 훨씬 더 어려울 것이다.

# 23장
# 뛰어난 사람

조시는 상사가 자신이 사무실로 돌아간다는
사실을 기뻐하기를 바랐다. 하지만 그것은 기뻐하는
것 그 이상이었다. 조시가 일에 복귀할 것이며 새로운 마음으로
시작하겠다고 말했을 때 그의 상사는 매우 흥분했다. 먼저 그의
상사는 손뼉을 치며 "그래!"라고 말했다. 그러고 나서 그는 책상
에서 일어나 조시와 하이파이브를 하며 안아주었다. 그는 조시를
직원이라기보다 아들처럼 여겼기 때문에 그가 돌아오기를 바라
며 최악의 상황에 대비하고 있었다.

　"우리는 정말 자네를 기다리고 있었다네. 자네가 돌아오기로
했다니 정말 잘 됐어. 나는 자네를 잃는 줄 알았다고."라고 그가

말했다.

"그럴 일은 없을 거예요. 앞으로는 더 열심히 할 겁니다." 조시는 상사가 기뻐하는 것에 감사하며 말했다. "저를 명확하게 만드는데 휴가가 도움이 됐어요." 그가 말했다.

"자네에게 도움이 되었다니 정말 기쁘네."

"좋은 것 이상이었어요. 제 삶을 바꾸어 놓았거든요." 조시는 고개를 끄덕이며 말했다. "다시 한 번 감사드려요. 이제 일할 준비가 되었어요." 그는 다시 한 번 상사와 하이파이브를 하며 덧붙였다. 그러고 나서 그는 문을 나서서 자신의 책상으로 돌아왔다. 동료들이 그의 모든 움직임을 지켜보고 있었다.

자리에 앉기 전, 조시는 흙을 담은 화분을 가져다 농부가 준 씨앗을 심고 그것을 책상에 놓았다. 아버지는 언제나 그에게 겨자씨는 가장 작은 씨앗이지만 정원의 나무들 중 가장 크게 자란다고 말했다. 그래서 그는 화분을 책상에 놓고 다른 사람을 위하는 것은 작은 일이지만 작은 일은 곧 큰일이며 그 큰일은 다시 작은 일이 될 것이라고 혼자 생각했다.

그는 잠시 동안 자리에 앉아 생각을 정리했다. 그리고 자신의 목표를 일에서 뛰어난 사람이 되는 것으로 정했다. 그것이 일에서만 보여서는 안 될 것이다. 열정과 목적을 가지고 일한다면 그

아버지는 언제나 겨자씨는 가장 작은 씨앗이지만
정원의 나무들 중 가장 크게 자란다고 말했다.

는 일에서 두각을 나타낼 것이다. 더 이상 그는 가구처럼 있지는 않을 것이다. 그는 더 이상은 벽 속의 한 조각 벽돌이 되지는 않을 것이다. 그는 시장에서 두각을 나타내는 회사들을 조사하고 작은 일들이 큰 차이를 만들어 냈음을 알아냈다. 예를 들어 타이어전 문점인 레스 슈왑(Les schwab)의 직원들은 고객의 차가 들어오자 마자 달려가서 손님을 맞이한다. 그것은 고객으로 하여금 스스로 활기차게 그들을 만족시키는 일들을 할 것이라는 것을 알려준다. 패스트푸드 체인점인 칙필에이(Chick-Fil-A)는 일요일에는 문을 닫지만 이것이 그 회사를 발전하게 한다. 다른 예로 슈퍼마켓체인 인 퍼블릭스 슈퍼마케츠(Publix Super Markets)는 고객이 직원에게 상품의 위치를 물으면 그들을 그것이 있는 곳까지 안내하도록 의 무화했다. 그들은 고객에게 단지 물건이 있는 곳의 번호를 말해주는 것이 아니라 그 물건이 진열된 선반을 고객에게 보여준다. 다른 예로, 어떤 병원은 환자가 병원을 방문한 후에 전화를 걸어 그들의 만족도를 묻는다. 만일 회사나 조직이 더 나은 서비스를 제공하려고 한다면 개인은 각자의 방법으로 두각을 나타낼 결심을 해야 한다고 조시는 생각했다.

그는 한때 음악가였지만 지금은 하고 있는 일이 그의 무대이다. 연주해야 할 음이 있고 그는 그것을 자신이 가진 능력 안에서 최선을 다해 연주해야 한다. 그는 다음과 같이 두각을 나타낼 수 있을 것이라고 생각했다.

1. 너무 바빠 팀원들을 돕지 못하는 일이 없도록 한다. 그들에게 도움이 필요한 경우 가장 먼저 돕는 사람이 되자.
2. 팀에서 가장 열심히 일하는 사람이 되자.
3. 마감을 앞두고 있을 때 팀원들에게 힘이 나는 재미있는 노래를 불러 사무실의 분위기를 띄운다.

오래 지나지 않아 그는 나름대로 일을 대하는 방식을 정하기로 했고, 그만의 방식은 성과를 거두었으며, 사람들은 그것을 알아채기 시작했다. 몇몇 동료는 조시가 자신들이 다른 동료를 돕지 않아 나쁜 사람처럼 여겨지게 만들었다고 했고, 다른 이들은 그에게 일에 노력을 기울이라고 말했다. 그의 부서에 있는 킴은 그가 돌아왔을 때 활력이 넘쳐 있었기 때문에 휴양지에 가서 재충전을 했는지 알고 싶어 했다. "나는 휴양지에 가지 않았어." 조시가 대답했다. "나는 단지 선택을 했을 뿐이야. 월급을 받기 위해 일을 할 수도 있지만 차이를 만들 수도 있지. 나는 그 차이를 만들기로 결심했을 뿐이야."

조시는 사람들이 일에 지치는 이유가 하고 있는 일 때문이 아니라 그들이 왜 그것을 하는지를 잊기 때문이라고 확신했다. 그는 식당에서의 경험과 형을 보고 난 경험을 통해 봉사하는 것에 대한 열정을 떠올리게 됐다. 그것은 봉사의 마음이 모든 것을 바꾸었기 때문이다. 그는 회사만을 위해 일하는 것이 아니었다. 다른 사람에게 봉사하고 그들이 더 나은 각각의 비전을 볼 수 있도록 하기 위해 일을 했다. 그는 자신의 배움과 성장을 위해 일을 했다. 그리고 상사나 최고경영자보다 더 큰 영향력을 가지기 위해 일을 했다. 상사나 동료들은 그것에 대해 부정적이었지만 그것은 중요하지 않았다. 그들이 운수 사나운 하루를 보낸다고 해도 상관없었다. 만일 그들이 그의 일을 알아주지 않는다 해도 그것은 중요하지 않았다. 그는 한 명의 청중을 위해 일하기로 마음을 먹었다.

회사의 조직도에 조시가 해야 할 직무가 적혀 있기는 했지만 그는 자신을 위한 새로운 직무를 적어 책상에 붙여놓았다. 직업과 목적은 구별되는 일이라고 생각했다. 목적을 갖기 위해 직업을 가질 필요는 없지만, 그는 자신의 일을 목적을 위한 바퀴로 만들기로 결심했다. 그의 간단한 묘사는 다음과 같았다. "목적을 가지고 봉사하고 혁신하고 대화하자." 그리고 그것은 그가 모든 것을 해내게 했다.

# 24장

# 성장

1년이 지났다. 조시는 일에 복귀한 후로는 언제나 씩씩하고 열정에 넘쳤다. 그는 자기 옆에 있는 씨앗도 자라나 나무가 될 것임을 알았기에 사무실에 있는 나무를 보며 미소 지었다. 한 가지 좋은 일은 승진을 했다는 것이다. 상사가 승진을 했고 조시가 그의 자리를 맡게 되었다. 사무실은 더 커졌지만 그는 팀원들의 어깨를 두드리며 바깥에 있을 때 더 편안함을 느꼈다.

조시는 직원들이 직원 파티보다 일에 더 관심이 있고 일하기를 즐긴다는 사실을 알고 있었다. 결국 모든 사람들은 직원 파티에서 함께 즐거운 시간을 보냈다. 모든 사람들은 놀 때 행복하다. 그것은 일하는 동안 어떻게 느끼느냐에 달려 있다. 그것은 일이 얼마나 의미 있느냐는 것이고 그들의 일이 어떤 보상을 받느냐와 관련이 있다. 조시는 팀원들이 각자의 씨앗을 심기에 영양분이 풍부한 환경을 만들기 위해 최선을 다했다.

조시의 방식이 낳은 결과 때문에 회사의 리더들은 그의 행동과 그가 속한 팀의 활동에 대해 알기 시작했다. 리더십 회의에서 그들은 그에게 주목했고 그가 일을 잘 하고 있는 것에 대해 이야기했다. 조시는 다른 이들의 삶이 더 나아질 수 있는 기회를 찾기 시작한 순간에 목적이 그를 향해 움직이기 시작하고 놀라운 것들을 이뤄낼 수 있다는 것을 알게 되었다. 핵심은 자신이 움직이는 것이고, 그것이 자신의 삶을 움직이는 것이었다. 그에게 있어서 그것은 믿음이자 목적이었다. 그는 자신이 살고 있는 그것에 대해 이야기하지 않았다.

개인과 조직을 움직이는 목적에 대한 생각이 그의 머리와 가슴을 채우기 시작했다. 그는 자신들의 목적에 집중하고 있는 조직에 대해 조사했고, 그들을 움직이게 하는 힘을 가진 훌륭한 회사들을 찾아냈다. 그가 좋아하는 곳 중 하나는 유기농 유제품 회사였다. 그는 그 회사의 사장에게 전화를 걸었고, 그들에게 '판매 목표 수치'가 없음을 알게 되었다. 대신에 그들은 완전히 자신의 목표에 집중하고 있었다. 물론 그들은 실적을 예상하고 그것을 계산해야만 했다. 그러나 그들은 실적이란 단지 자신들이 얼마나 잘 하고 있는지를 나타내주는 것에 불과하다는 것을 알고 있었기에 자신들의 목적을 나누는 방식을 쓰고 있었다.

그 회사는 실적 목표 대신에 농부에게 생계를 꾸려나가는 기회를 주는데 목표를 두고 있었다. 환경파괴가 적도록 경작지를 유지하는 데 집중했다. 호르몬과 항생제가 없는 건강에 유익한 유제품을 가정에 공급하는 것을 목표로 삼았다. 마케팅 부사장은 조시에게 자신들이 실적에 연연했다면 그것을 달성하지 못했을 것이며 직원들은 실패한 느낌에 사기와 의욕이 떨어졌을 것이라고 말했다. 실적이 상승할 때 그 실적에 집중하는 것은 멋진 일이라고 조시는 생각했다. 그러나 실적이 하락할 때 모든 사람은 절망하게 되고 그것은 사업에 있어 좋지 않았다.

그는 회사가 실적 대신 목적에 집중하고 있을 때 모든 사람들이 열정적으로 열심히 일하게 되며, 그것이 그들의 최종결산 결과를 높일 수 있는 에너지가 된다는 것을 배웠다. 흥미로운 것은 고유의 목적에 집중함으로써 유기농 유제품 회사의 실적과 이윤은 매년 상승하고 있다는 것이었다. 직원들은 실적을 계산했지만 그것은 그들의 주요 관심사가 아니었다. 그들의 핵심은 목적이었고 그것이 실적을 상승하게 만들었다.

조시는 사람들을 움직이게 하는 것은 실적이 아니라 직원들과 목적이 실적을 올린다는 것을 알게 되었다. 그는 이것을 자신의 회사에 적용할 수 있을지 궁금해졌고, 이 아이디어로 인해 더 큰 것을 이룰 수 있을 것이란 느낌을 받았다. 이 생각을 실행에 옮기려고 했을 때 그는 알지 못했다. 그가 가졌던 느낌이 자신의 미래의 일부라는 것을. 농부는 그에게 생각과 사건, 그리고 상황은 그 성장을 위해 스스로 나타나는 것이라고 말했다. 조시는 성장 단계에 있었다. 그것은 그가 성장을 위한 상황들을 경험해야 한다는 것이다. 그러나 그것은 장애와 마주쳐야 한다는 것을 의미하기도 했다.

# 25장
# 시험

달마는 큰일이 일어날 것 같은 느낌이 들었
다. 달마는 이것을 조시의 행동을 통해 그리고 그가 회사에서
일어난 일을 이야기해줄 때 알 수 있었다. 조시는 달마에게 유기
농 유제품 회사에 대해 조사한 이야기를 해주었다. 그리고 몇 달
이 지나 리더십 회의에서 그는 사장에게 이 개념에 대해 설명했
다. 그는 그것을 '목적 주도 목표'라고 이름 짓고 그의 회사도 실
적이 아닌 다른 목표에 집중해야 한다고 제안했다. 조시가 '에너
지 뱀파이어'라고 부르는 사람 중 한 사람이 그에게 그 목표는 무
엇이 되어야 하느냐고 물었다. "회사로서 우리는 목적을 가지고
혁신하고 봉사해야 합니다."라고 조시가 말했다. 그는 경영진에

게 그들이 회사로서 하는 모든 일을 목적이 이끌게 해야 한다고 말했다. 그는 그들에게 '목적을 지닌 판매', '목적을 지닌 제조', '목적을 가진 의사소통'의 슬라이드를 보여주었다. 그것은 그에게 성공의 힘이 되어준 것들이었다. 그는 그것에 대해 이야기하며 그 것이 회사를 새로운 단계로 끌어올릴 것이라고 말했다.

몇몇 이사진이 그 아이디어에 대해 부정적인 입장을 보였지만 최고경영자는 그 개념을 마음에 들어 했다. 찬성과 반대가 나뉘 었으나 최고경영자는 조시에게 그 개념을 회사에 적용하기 위한 계획을 만들어보라고 말했다. 조시는 만일 그것이 성공한다면 자 신의 경력이 올라가는 것이지만, 실패한다면 부서지고 불타게 될 것을 의미한다는 것을 알았다. 그는 이 내용을 발표하기 전에는 그것을 몰랐지만, 자신과 자신의 경력을 숨을 데가 없는 곳으로 내몰았다. 그는 다른 대안이 없었다. 자신의 아이디어가 효과를 거둘 것이라는 확신과 믿음을 나누고자 하는 바람밖에는 없었다.

지난 몇 달 동안 달마는 조시가 항상 밤늦게까지 컴퓨터 앞에 서 일을 하고 있다는 것을 알아챘다. 달마는 그 옆에 누워 자신이 그를 지지한다는 것을 느끼도록 했다. 조시는 달마에게 자기가 일 하고 있는 모든 것과 현재 직면하고 있는 어려움에 대해 이야기했 다. 성장 과정에는 어려움이 있을 것이라고 농부가 이야기했으므로 조시는 장애는 앞으로 나아가기 위한 일부분이라고 생각했다.

"목적을 아는 것은 도전이지만 더 큰 도전은 역경과 비관에 직면해서 그것에 따르는 용기를 찾는 거야." 조시는 달마에게 말했다.

그도 역시 수많은 자기회의와 의문에 빠졌다. "이렇게 중요한 시작을 이끄는 나는 누구일까?" 설상가상으로 그에게 항상 같은 질문을 하는 두 명의 이사가 가장 큰 난관이었다. 조시와 그의 팀이 회사의 내부 브랜드 캠페인 설명회를 가졌을 때 차례로 그의 자질을 의심할 뿐만 아니라 그와 그의 계획을 고의적으로 방해할 거리를 찾았다. 그에게 더 많은 책임이 지워질수록 다른 사람들은 그가 실패하기를 더 바랐다. 모든 과정에서 저항이 있었다. 두 걸음 나아가기 위해서 한 걸음을 물러서야 했다.

어려움에 직면하고 있었지만 조시는 자신이 바른 길을 가고 있다는 느낌을 받았다. 그는 강력한 힘이 자신을 앞으로 나아가게 하고 어려움을 헤쳐 나가게 한다는 것을 느꼈다. 그는 모든 일에는 이유가 있다는 믿음이 있었다. 그만두고 포기하고 싶던 어느 날 조시는 자신의 계획을 지지하는 사람의 전화를 받았고, 그 사람의 말은 그에게 며칠 동안 싸워나갈 힘이 되어주었다.

회사에서 캠페인을 시행한 지 6개월이 지났지만 조시는 부서질 것 같이 보였다. 그가 아파트로 돌아왔을 때 달마는 곧바로 무엇인가 잘못되었다는 것을 느낄 수 있었다. 그는 단지 피곤한 것이 아니라 정신적으로 피폐해진 것 같았다. 달마는 조시에게로 가서 기운을 내게 하고 싶었다. 그러나 바닥에 공을 떨어뜨리고 다시 물어다 주어도 그는 미소를 짓지 않았다. 그는 리더십 미팅을 가졌다고 했다. 그의 캠페인 실적을 검토한 결과 판매에 도움이 되지 않을 뿐만 아니라 오히려 판매를 저하시킨다고 밝혀졌다는 말을 했다. 판매량이 상당히 많이 하락했고 많은 사람들이 캠페인을 비난했다. 조시는 이것이 그 과정의 일부일 뿐이며 그것이 새로운 생각과 방법으로 변화할 것이라고 말했다. 그는 목적의 힘을 단기적 결과와 대체하기 위해 시간을 더 요청했다. 그의 간청은 받아들여지지 않았고, 그의 계획이 중단될 것이라는 이야기가 들렸다. 그날 조시는 컴퓨터를 켰지만 일을 하지 않았고 음악을 듣지도 않았다. 그는 옷을 입은 채로 침대에 쓰러져 잠이 들었다.

# 26장
# 잊을 수 없는 꿈

조시는 다음날 일을 하러 가지 않을 셈이었다. 그는 아프다고 전화를 하려 했다. 그러나 다음날 아침, 잠에서 깼을 때 생각을 바꿨다. 그는 책상에 씨앗을 심고 그것이 자라 열매를 맺을 때까지 안정적으로 자랄 수 있는 넓은 땅에 그것을 옮겨 심으려고 하는 꿈을 꾸었다. 그 꿈이 이해가 되기 시작했다. 그는 자신이 있는 곳에 스스로를 심었고 자라고 있었다. 그는 열매가 맺혀 나무에서 떨어지는 것에 대해 여전히 확신할 수는 없었지만, 그 꿈으로 인해 사람들이 성장단계에서 포기하곤 한다고 했던 농부의 말을 기억해냈다. 농부는 그에게 너무나 많은 사람이 목적의 마지막 단계로 접어들 때 포기를 한다고 말했다. 그는 달마를 보고는 자신이 너무 빨리 포기하려 했음을 깨달았다. 그의 목적과 열정은 그가 직면한 어려움보다 커야만 했다. 그는 자신이 믿는 것을 이루지 못하고 포기할 수는 없었다.

새로운 결심을 한 조시는 자신의 일과 미래를 바로 세우기 위해 일을 하러 가기로 결심했다. 만일 그것이 실패한다면 그는 조지가 말했던 것처럼 다른 곳으로 옮기면 된다. 그러나 자신이 일을 한다면 그것이 세상에서 가장 멋진 느낌을 가져다 줄 것이라는 것을 알았다. 어느 쪽이든 그는 자신의 꿈을 향해 자라나게 될 것이다. 그는 기타를 들고 본 조비의 '기도하는 삶(livin' on a prayer)' 어렵고 지칠 때마다 기도하는 마음으로 살자는 내용의 노래-옮긴이)을 연주했다.

한 시간 후, 조시는 사무실로 걸어 들어가며 자고 있을 때나 깨어 있을 때 꿈을 가지는 것의 중요함에 대해 생각했다. 그러나 그것은 깨어 있을 때 영혼을 깨어 있게 하고 스스로에게 힘을 불어넣어 불가능이라고 생각하지 않았던 꿈을 이루는 것에 관한 것이었다. "내 계획은 추구할만한 가치가 있고 싸울만한 가치가 있는 꿈이야." 그는 자리에 앉으며 상사와 최고경영자를 위한 미팅을 준비해야겠다고 생각했다.

# 27장
# 극복

극복의 정의 중 하나는 '무력하게 되는 것'이다. 두 번째 정의는 '승리를 거둠'이다. 최고경영자의 사무실로 걸어 들어갈 때 조시는 무력함을 느꼈다. 하지만 사무실을 나왔을 때, 그는 의기양양했다. 그의 열정과 확신은 최고경영자가 조시의 캠페인 효과를 증명하기 위해 6개월의 시간을 더 주도록 설득하는 데 성공했다. 그는 조시가 말한 대로 캠페인이 조직에 영향을 미치는데 시간이 필요하다는 것에 동의했다.

6개월 동안 조시는 무엇이 조직에 변화를 이끄는 것인지에 대해 직접 배웠다. 그것은 좋은 아이디어를 공유하는 것이 아니었다. 그것은 아이디어를 나눌 수 있는 조직의 사람들과 어떻게 관계를 발전시키느냐의 문제였다. 그는 삶의 모든 것이 관계에서 온다고 믿는 가정에서 자라났기에 그것을 알고 있었다. 흔히 있는 것처럼 경험이 가장 좋은 스승이 되었다.

그는 또한 다른 사람들을 변화시킬 수 있는 마음을 연구했고, 사람들의 믿음과 행동이 바뀜으로써 그들의 일과 삶이 변화하는 것을 보았다. 가장 중요한 것은 캠페인을 성공시키기 위해 했던 노력이 그가 소통하는 법을 배우는데 도움이 되었다.

그의 도전은 성장을 가져왔고 지연됨으로써 단단해졌다. 그리고 의사소통의 힘에 대한 그의 믿음은 그의 삶을 바꿨다. 농부가 그에게 말했던 것처럼 조시는 집중이라는 자신의 목적을 받게 되었다. 그것을 말로 표현할 수는 없지만 조시는 자신의 삶에서 처음으로 왜 자신이 이곳에 존재하는지에 대해 생각을 해보게 되었다.

# 28장
# 차이를 만들다

6개월이 지나는 동안 조시는 일에서 자신을
비난하는 사람들을 극복하는 방법을 배웠을
뿐만 아니라 사람들이 자신들의 목적과 꿈을
포기하게 만드는 두려움, 절망, 장애를 이겨
내는 법을 배웠다.

　조시의 캠페인은 효과를 거두어 사람들의 구매를 이끌었고 판
매가 늘어났다. 그는 또한 동료들로부터 그가 그들의 삶을 변화
시켰다는 감사 메일을 받았다. 목적에 집중함으로써 그들의 일이
더 나아졌고 그들의 삶 또한 더 나아졌다. 조시는 조직이나 가정
에 있는 사람이 그들 주위의 모든 사람들의 삶이 더 나아지도록

하겠다고 결심했다는 것을 알게 되었다. 조시가 동료의 가족에게 영향을 미쳤다는 것은 정말로 보람 있는 일이었다.

고객과 그들의 직원들은 그 의미를 알았다. 조시의 많은 고객사들은 자신들의 행사에서 목적이 이끄는 목표와 목적이 조직의 사람들에게 어떻게 영향을 미치는지에 대해 강연해달라고 요청했다. 조시는 자기 회사의 사람들에게 변화를 가져왔을 뿐만 아니라 다른 회사의 사람들에게도 영향을 미치게 되었다. 조시의 경력은 더 이상 위태롭지 않았다. 그것은 이제 새로운 높이로 자라 있었다.

퇴근 후 회사의 임원들과 축하 미팅을 가진 후에 조시는 달마가 있는 집으로 돌아왔다. 그는 도시가 멈춰 있는 것 같다고 느끼며 창밖을 바라보았다. 사람들은 여전히 목적 없이 이곳에서 저곳으로 뛰어다니지만 다행스럽게도 자신은 더 이상 그들처럼 멍하게 놓치고 있지 않다는 것이다. 그는 기타를 쥐고 여기까지 오는 동안 자신과 마주쳤고 자신을 도와줬던 모든 사람들에 대해 생각했다. 그는 우리 모두가 자기 안에 심어야할 씨앗을 가지고 있다고 생각했다. 심은 뒤에 우리의 씨앗은 지지와 영양분과 빛이 필요하다. 그는 삶에서 마주치는 모든 사람들은 다 이유가 있다고 믿었다. 멘토든 용기를 주는 사람이든 낯선 이로부터의 조언은 우리를 배부르게 하고 영혼을 위한 음식을 제공하고 우리의 씨앗이 자랄 수 있는 빛을 준다. 그는 인생의 길에서 자신을 이끌어주는 그런 사람들이 있어 다행이라고 생각했다. 그는 마지막 단계가 무엇인지 알게 된 후에 농부를 다시 볼 수 있기를 기대하고 있었다. 그는 그 자신과 그의 유일한 지지자인 달마를 위해 눈을 감고 '천국으로 가는 계단(stairway to heaven)'을 연주했다.

# 29장
# 이름이 무엇을 의미하는지

달마는 다른 개들과 같은 이름을 가지지 않아서 기쁘다고 생각했다. 개들의 이름은 버디, 맥스, 프린세스, 레이디, 시저, 데이지처럼 대개 예상이 가능하다. 달마는 흔하지 않은 이름이다. 대다수 사람들은 이름이 무엇을 의미하는지 잊어버리고는 한다. 3천년 전에는 삶에서 단계를 거칠 때마다 사람의 이름이 바뀌고는 했다. 이름은 의미를 담고 있었다. 예를 들어 조지프는 '신이 늘릴 것이다'라는 것을 의미했고 매튜는 '신의 선물'이라는 뜻이었다. 데이비드는 '사랑받는', 캐서린은 '순수'를 의미했다. 이름은 중요했고 이름은 무엇인가를 의미했다.

　조시에게는 아이를 가진 코아(Koa)라는 친구가 있었다. 코아는 '두려움 없는'이라는 의미인데 이것이 마음에 든다고 달마는 생각했다. 달마는 자기 이름이 무슨 의미인지도 알고 있었다. 달마는 '부름' 혹은 '당신 삶의 목적'이라는 뜻이다. 그렇다, 달마는 삶의 목적을 알고 있다. 그것은 무조건적인 사랑이며 사람들에게 무조건적인 사랑에 대해 보여주어야 했다. 조시가 달마의 목적이었고 달마는 그 무엇보다 그를 사랑했다.

조시의 이름에도 무엇인가 뜻이 있다. 조슈아라는 이름은 '신이 구하다'라는 뜻을 가지고 있다. 조시가 지난 몇 년 동안 과정이 변함에 따라 어른이 된 것은 전혀 이상하지 않았다. 달마는 그가 이제는 조시가 아니라 조슈아라고 불리는 것을 더 좋아한다는 것을 알고 있다. 그것은 의미가 딱 맞아떨어진다. 그는 삶의 새로운 단계에 접어들었다. 그는 자신이 이루고자 하는 것을 모두 다 이루었다. 그의 소명은 분명했다. 개나 사람은 자신이 가진 이름의 의미를 대표하는 것을 보는 것보다 재미있는 일은 없다. 그렇다, 이름은 무엇인가를 의미하고 있다.

# 30장
# 풍요

조슈아는 기타를 손에 들고 마이크 앞에 서
서 자신을 보고 있는 청중들이 있는 무대에
섰다. 몇 천 명의 사람이 그가 말하기를 기다리고 있었다. 그는
상사가 최후통첩을 하고 농부가 씨앗을 주고, 조종사가 관점을 선
사하고, 솔로몬이 희망을 주고, 과거가 선물을 주고, 조지가 신호
를 준 지 5년의 시간이 흘렀다는 것을 믿을 수가 없었다.

목적 캠페인이 성공을 거둔 뒤, 그의 일과 삶은 놀랄 만큼 변
했다. 그는 회사의 직원에서 그 산업분야의 이론가가 되었다. 최
고경영자는 그에게 블로그에 자신의 철학을 적어 사람들과 나누
라고 했다. 그것은 회사와는 별개의 독립된 블로그였고 회사는 시

장에서 선도기업으로 자리매김했다.

조슈아는 블로그를 '씨앗'이라고 이름 지었고 목적을 가진 삶과 일, 경력을 성장시키는 것에 관한 내용을 담고 있었다. 그리고 씨앗과 마찬가지로 블로그는 놀랄 만큼 인기를 끌었고, 조슈아를 유명하게 만들었다. 그는 브랜드와 커뮤니케이션 및 마케팅에 관한 많은 회의에서 강연을 했고 그로 인해 오늘 무대에 서게 되었다.

그가 사람들에게 어떻게 해야 할지를 이야기하면 청중들은 '대단하다!'라고 반응을 했다. 그는 사람들에게 큰 미소로 화답했다. 그는 지난 3년 동안 씨앗을 책상 위에 놓인 화분에만 심고 키운 것이 아니라 마음에도 심었다. 그리고 그 씨앗은 목적으로 자랐고, 할 일로 자라나 그가 현재를 살아가는 꿈이 되었다.

그는 기타를 치며 짧은 노래를 불렀다. "꿈은 이루어질 수 있어요. 당신이 자신의 목적을 내면에 담고 살아간다면 꿈은 실현될 거예요." 사람들은 환호했다.

조슈아는 위를 올려다보고 웃었다. 그는 성직자가 되고 싶었던 것이 아니었다. 그는 음악가가 되고자 하지도 않았다. 그는 지금 무엇을 해야 하는지를 목표로 했다. 과거의 모든 것들은 그가 살아오고 나누었던 목적과 이 순간을 가져다주었다. 그는 하나의 노래를 위해 선율을 연주했다. 그는 기타를 내려놓고는 마이크를 잡고 열정적으로 말했다. "만일 당신이 정말로 성공을 하고 싶다면 당신의 바람이 차이를 만들어 돈을 버는 것보다 커져야 합니다."

다시 한 번 청중들은 환호했고 조슈아는 자신의 목적이 무엇이었는지를 기억했다. 그것은 그가 엘리베이터 안에서 낯선 사람과 그것을 나누었을 때 분명해졌다. "대화의 힘과 목적을 통해 긍정적으로 사람들의 마음과 생각, 행동을 바꾸는 것"이었다. 그는 다른 사람들과 연설, 음악, 글, 마케팅, 브랜딩 등 자신이 다른 사람들에게 긍정적인 방식으로 영향을 줄 수 있는 모든 도구를 이용했다. 그는 조직이 변하면 사람들도 변한다는 것을 알게 되었다. 그리고 사람이 변하면 그들의 믿음이 바뀐다는 것을. 변화된 믿음은 행동을 변화시키고, 그것은 습관을 바꾸고 새로운 것을 얻게 한다는 것을 알게 되었다. 그는 세상을 바꾸고 싶었다. 그러나 그는 한 번에 한 사람을 변화시킴으로써 세상을 바꿀 수 있다는 것을 알고 있었다.

각각의 사람들은 독특한 재능과 독특한 목적을 가지고 있으며, 조슈아는 대화의 힘을 통해 그들이 그것을 발견하고, 살게 하고, 나누도록 도왔다. 그는 자신이 만나는 모든 청중과 모든 사람

"꿈은 이루어질 수 있어요.
당신이 자신의 목적을 내면에 담고 살아간다면 꿈은 실현될 거예요."

들에게 자신의 삶에서 알게 된 것들을 이야기했다. 목적을 찾는 대신 자신이 있는 곳에 스스로를 심고 변화하려고 마음먹는다면 그것이 자신을 찾을 것이라는 것을.

그는 청중에게 말했다. "우리는 흥미로운 삶을 가지게 되면 삶에 흥미를 느끼게 될 것이라고 생각합니다. 그러나 사실은 그 반대입니다. 우리가 삶에 흥미를 느끼게 되면 우리는 흥미 있는 삶을 가지게 될 것입니다."

"열정과 목적은 옆집에 사는 가장 친한 친구와 같아요. 그들은 항상 함께하죠. 삶을 열정적으로 살기로 마음먹으면 일이 당신의 목적으로 이끌어줄 겁니다. 당신이 목적 있는 삶을 살게 되면 당신은 열정을 풀어주게 될 겁니다. 당신이 열정과 목적을 가지고 일하며 살게 될 때 당신 몸의 모든 세포가 환해질 겁니다."

조슈아가 자신의 이야기에서 가장 좋아하는 부분은 그들의 목적을 발견하고 그것을 나눴던 사람들의 이야기를 나누는 것이었다. 그는 돈을 더 많이 벌기 위한 목표를 위해 더 많은 기부를 해서 회사의 일인자가 된 사업가에 대해 이야기했다. 열정과 목적을 가지고 사업을 일궈 행운을 만들어내고 많은 삶을 바꾸었던 기업가에 대해 이야기했다. 자신의 일이 사람들이 가정을 지키고 가족이 함께 하는 것을 돕기 때문에 사람들의 결혼생활을 지키는 것이라고 말한 대출 회사 간부의 이야기를 했다. 물론 그녀의 사업은 번창했다. '웃는 얼굴'을 목표로 삼은 치과에 대해 이야기했다. 그리고 자신의 목적은 축구계에서 신을 찬미하는 것이라고 생각하는 프로 축구선수에 대해서도 이야기했다.

그가 가는 곳마다 사람들은 자신들의 이야기를 그와 나누었다. 그는 회계사, 예술가, 의사, 건축가, 건설 종사자, 운동선수, 교육자, 전업주부 등 재능을 더 큰 목적으로 이용할 수 있었던 다양한 사람들을 만났다. 조슈아는 세상에 이런 재능의 모자이크가 형성되고, 이것이 세상을 완전하게 만들고 있다는 것에 대해 놀랐다. "그냥 상상하세요." 그는 청중에게 말했다. "만일 모든 사람이 같은 재주나 재능을 지녔다고, 모든 사람들이 같은 목적을 가지고 있다고 상상해보세요. 우리는 사회에서 제 기능을 할 수 없을 겁니다. 우리는 당신 자신만을 위한 것이 아닌 당신 너머의 더 큰 목적을 위한 목적을 지니고 태어났습니다. 우리는 다른 사람과 세상에 공헌하도록 만들어졌고, 우리들 각자는 이웃이나 동료의 재능과 목적의 도움을 받고 있습니다. 자신의 목적을 찾지 않고 그것을 위해 살지 않는 것은 자신이 다른 사람과 나눠야 하는 재능을 부정하는 겁니다."

조슈아는 자신의 회사에만 영향을 미친 것이 아니었다. 그는 세계에 있는 많은 조직의 사람들에게 영향을 주었다. 조슈아는 자신의 원칙과 개념이 다른 사람들과 그들의 일에 어떤 영향을 주었는지 이야기하는 많은 이메일과 이야기들을 전해 들었다. 조슈아의 영향력이 너무 커지자 회사의 최고경영자는 그에게 제안을 했다.

강연을 마친 후 그는 집으로 돌아와 이것에 대해 저녁 내내 달마에게 이야기했다. 달마가 밥을 먹는 동안에도 그는 이야기를 계속했다. 최고경영자가 그에게 제안을 했다. 그는 지금 현재 회사의 경영자가 될 수도 있었고 혹은 독자적으로 컨설팅 회사를 시작해 지금 몸담고 있는 회사를 고객으로 삼을 수도 있었다. 최고경영자는 그가 뛰어나다는 것을 알고 있었기 때문에 그를 잃고 싶지 않았다. 회사는 그 어느 쪽이든 그와 함께 일을 하고 싶어 했다.

두 가지 모두 돈이 되는 일이었다. 그러나 조슈아에게 돈은 상관없었다. 돈이나 행복 또는 우정의 풍요는 자신의 소리를 내서 삶의 교향곡에 공헌하며 얻어지는 자연스러운 것이었다.

그는 달마의 등을 쓰다듬고는 창가로 가 밖에서 자라고 있는 나무를 보았다. 그 나무는 사무실에 놓기에 너무 커서 아파트 화단에 옮겨 심은 것이었다. 뿌리를 내리고 계속해서 자라기 위해서는 더 넓은 땅이 필요했다.

"나는 목적의 마지막 단계를 알고 있다고 생각해." 그는 달마에게 명랑하게 말했다. 그는 농부에 관해 생각하고는 마지막 단계가 무엇인지 알게 되면 자신을 찾아오라고 말한 것을 기억했다. 조슈아는 거울을 보았다. 그는 지난 5년 동안 많이 변했다. 그는 한때 방황을 했으나 지금은 그것을 찾게 되었다. 그는 자신의 여행이 처음 시작된 곳으로 돌아가 보기로 결심했다. 추수감사절 휴일이었으므로 그는 휴식을 위해 일주일 동안 휴가를 내서 가족을 방문하고 자신의 미래의 방향에 대해 생각해보기로 했다. 그는 5년 전에 그랬던 것처럼 농장을 방문하고 부모님 댁에 가기로 했다. 그러나 이번엔 많은 상황이 바뀌어 있었다.

# 31장
# 모든 것을 위한 계절

계절은 우리에게 모든 것에는 시기와 목적이
있다는 것을 가르쳐준다. 준비를 위한 시기가 있고
파종을 위한 시기, 성장을 위한 시기, 수확을 위한 시기가 있다.

조슈아는 겨울을 맞아 다음 시기의 파종과 성장을 위해 쉬고
있는 땅인 농장에 도착했다. 조슈아는 계절의 목적에 대해 알고
있었다. 그는 성장을 통해 그것을 경험했다. 그는 준비단계와 파
종단계 그리고 성장단계를 지나왔다. 그리고 지금, 마지막 단계와
관련된 세상에서 가장 멋진 느낌을 경험하고 있다.

그는 달마가 차에서 기다리는 동안 농장 주위를 걸었다. 추
웠지만 날씨는 맑았고 농장은 땅과 마찬가지로 조용하고 고요했

다. 한때 웅장하고 무섭게 느껴졌던 옥수수 미로는 농작물의 생명주기에 희생되어, 남은 것이라곤 땅 위에 놓여진 죽은 옥수숫대뿐이었다.

조슈아는 농부가 근처에 있기를 바라며 농가를 향해 걸었다. 그는 5년 전에 이곳에서 농부를 만났고, 이제는 농부가 이곳에 없을지도 모른다는 생각이 들었지만, 그를 찾으려고 애썼다. 농부는 그의 삶을 바꾸었고, 이 감사의 계절에 고맙다는 말을 전하고 싶었다.

농가에는 가구 몇 점과 옥수수 미로가 인쇄된 티셔츠와 기념품 그리고 벽에 걸린 몇 장의 사진만 있을 뿐 사람은 없었다. 조슈아는 그중 사진 하나가 있는 곳으로 걸어갔다. 그것은 그가 미로에서 만났던 농부의 사진이었다. 그가 사진을 보는 동안 나이든 여자가 부엌에서 나와 조슈아가 5년 전에 그의 친구들과 점심을 먹었던 식탁이 있는 곳으로 왔다.

"그건 폴이에요." 그녀가 말했다. 조슈아는 자신이 농부의 이름을 모르고 있었다는 것에 당혹감을 느꼈다. 그는 물어보았어야 했다.

"그분은 어디에 있나요?" 조슈아가 물었다. "저는 그분 생각을 많이 했어요. 만나서 이야기할 것이 있어요."

여자는 웃었다. "나도 그이와 이야기를 나누고 싶답니다. 사실 자주 그러긴 해요. 다만 그가 대답하지 않을 뿐이죠."

"어디가 편찮으신가요?" 조슈아는 이제 자신의 마지막 단계를 말하고 싶은 마음보다 농부의 건강에 대한 염려가 더 앞섰다.

여자는 멈춰서 눈에 눈물이 그렁그렁한 채로 "그이는 갔답니다."라고 말했다. "죽었어요. 정말 멋진 사람이었는데, 나는 정말 그이가 그립답니다. 내게 가장 좋은 친구였어요."

"유감입니다." 조슈아는 손을 가슴에 대고 말했다. 그것 말고는 달리 무슨 말을 해야 할지 알지 못했다. 그는 어색한 침묵 속에서 사진을 보며 농부의 젊은 광채와 빛나는 파란 눈을 기억해 냈다.

"저는 그분을 뵈러 왔어요." 조슈아가 슬프게 말했다. "그분이 제 삶을 변화시킨 것에 대해 감사하고 싶었어요. 5년 전 그분을 보았을 때 저는 방황하고 있었죠. 지금은 제가 왜 이곳에 있는지 알게 되었어요."

여자의 눈물이 미소로 변했다. 그녀가 남편에 대해 들어본 말 중에서 가장 친절한 것이었다. 그녀는 조슈아에게 다가가서 늙고 차가운 손으로 그의 얼굴을 보듬었다. "젊은이, 내 남편은 10년 전에 세상을 떠났다오."

"무슨 말씀이죠? 확실한가요? 저는 5년 전에 미로에서 그분을 보았어요. 저는 몇 주 동안에 두 번이나 보았다고요." 조슈아는 달리 설명할 방법을 생각하며 말했다. 아마도 그녀 나이 정도의 노인이라면 시간에 대한 감각을 잃을 수도 있다고 조슈아는 생각했다.

"확실해요." 그녀는 남편이 죽은 연도와 날짜를 알려주며 말했다.

조슈아는 머리를 흔들었다. 그는 이 일들은 분명한 설명이 필요하다고 생각했다. 하지만 그들이 나눈 이야기는 언제나 그가 아닌 다른 사람에 대한 것이었다.

그녀는 남편이 다른 사람들의 삶을 바꾼 차이에 대해 생각하며 한참을 더 울었다.

"네, 또 다른 수확이죠." 그녀는 혼잣말을 했다. "사랑은 자라기 위해 계속되니까요." 다른 사람이 농장으로 찾아와 그녀에게 폴에 대한 감사의 마음을 전한 것은 이번이 처음이 아니었다. 그녀는 미로에서 남편을 보았다고 말하는 수백 명의 사람을 만났다. 그리고 매번 그녀는 그 이야기를 듣고 울었다. 그것은 슬펐기 때문이 아니라 기뻐서 흘리는 눈물이었다.

"당신이 처음 이 이야기를 한 게 아니라는 걸 알아줘요." 그녀

"몸은 이곳을 떠났지만 남편은 여전히 여기에서
씨앗을 키우고 있었어요."

는 조슈아를 안심시키려는 듯 말했다. "당신은 미치지 않았어요. 내가 보증해요. 수백 명의 사람이 미로 속에서 남편을 만났죠. 몸은 이곳을 떠났지만 그는 여전히 여기에서 씨앗을 키우고 있었어요. 처음에 나는 그 사람들이 미쳤다고 생각했죠. 그러나 그 많은 사람들이 모두 환상을 보았다고 생각하기엔 그 수가 너무 많았죠. 그래서 나는, 아마도 내가 그 사실을 믿지 않는 미친 사람일지도 모른다고 생각했어요."

"폴은 살아있을 때 씨앗을 심는 것과 목적에 관해 이야기하는 이 두 가지를 좋아했답니다. 그는 항상 목적에 대해 이야기했죠. 그것에 빠져 있었어요. 나는 잘 이해할 수 없었지만 남편은 목적의 단계에 대한 생각을 적고는 했죠. 그러나 확실히 많은 사람들이 남편이 이야기하던 것들을 알고 있었어요. 다른 사람들이 그들의 삶을 살아가는데 도움을 주는 것이 남편의 목적이라고 이야기하곤 했답니다. 그는 방황하는 사람들을 돕는 것을 좋아했어요. 그들은 모두 돌아와 남편이 자신들의 삶을 바꾸었다고 말했죠. 남편은 아마 지금도 자신이 좋아했던 일을 하고 있을 거예요. 그는 자라나는 사랑을 심고 있어요. 그리고 젊은이는 바로 그의 수확인 거죠." 그녀는 조슈아의 어깨에 손을 올리며 말했다.

"제 이름은 조슈아에요." 그가 그녀를 안으며 말했다. "시간을 내서 그것을 말씀해 주셔서 감사합니다. 남편을 잃으신 건 마음 아프지만 저는 그분이 씨앗을 계속 심으신 것에 감사하고 있어요."

조슈아는 그녀와 함께 문을 지나 바깥에 있는 농가의 의자로 걸어갔다. 그곳에서 그는 농부를 만났던 미로의 나머지를 볼 수 있었다. 그것은 현실이었을까? 상상이었을까? 환각이었을까? 그것은 중요하지 않았다. 그의 삶이 바뀐 것은 사실이었으니. 그가 만들어낸 차이는 정말이었으니 말이다. 그는 농부에게 마지막 단계가 무엇이었는지 말하고 싶었다. 그러나 자신이 그것을 발견하리라는 것을 농부는 알고 있었다는 느낌이 들었다. 그는 농부의 아내에게 작별인사를 하고는 천천히 차를 향해 걸었다. 맑은 공기를 마시고 마지막으로 농장을 보았다. 농부는 아마도 쉴 준비를 하고 있겠지만 조슈아는 수확을 준비하고 있었다.

# 32장

## 수확

조슈아는 차를 몰고 집으로 돌아오며 달마에게 마지막 단계에 대해 이야기했다. 그는 준비단계, 파종단계와 성장단계를 거쳐 왔다. 이제 그는 자신의 모든 준비와 노력과 성장, 그리고 시험을 거치며 얻은 믿음에 대한 성과를 거둘 네 번째 수확단계에 있었다. "이 단계는 자신이 뿌렸던 씨앗을 수확하는 단계야."

"수확단계 동안 자신의 목적이 더 명확해지고 그것을 간단한 문장으로도 표현할 수 있어." 조슈아는 달마에게 말했다. 위대한 풍요의 시기이다. 수확단계 동안 부족함이 없을 것이다. 주고 또 주어도 그것을 보충하게 될 것이다. 자신이 주었던 것들이 기하급

수적으로 다시 돌아올 것이다. 다른 사람들과 세상에 이익을 주는 형태의 열매를 만들게 될 것이고, 이 열매는 다른 사람들이 심을 수 있는 씨앗이 될 것이다.

수확단계에 도달하면, 모든 단계가 어떤 방식으로 연결되어 있는지 알게 될 것이다. 과거는 자신을 기를 수 있는 준비가 되어 준다. 자신이 스스로를 심는 것은 자신이 자랄 수 있게 하고 자신이 자라서 열매를 수확할 수 있게 만든다. 그리고 자신의 열매는 다른 사람들의 삶을 바꿀 씨앗이 된다. 단계마다 걸리는 시간은 사람마다 다르겠지만 그 순환은 같다. 자신을 심는 것으로써 수확할 수 있게 되고 그것이 다른 사람들이 그들이 되고자 하는 모습이 되는데 도움을 주게 되는 것이다. 그리고 그 과정은 그들이 있는 곳에서 자신을 심으려고 하는 사람들에게서 다시 시작되고 결국 다른 사람을 위한 추수를 할 수 있게 한다. 조슈아가 농부의 수확이었고 그에게 영향을 받은 사람이 그의 수확인 것처럼.

그의 꿈은 이제 완전히 맞아떨어졌다. 그는 자신의 성장과 다른 사람의 성장을 만드는 시스템에서 살고 있었다. 그의 꿈은 마음속에 씨앗을 지니고 있는 한 수확물을 만들어낼 수 있다는 것을 스스로에게 말하고 있다. 수확하려면 자신의 씨앗을 심어야 한다. 씨앗이 죽거나 땅으로 돌아가 열매를 맺지 못하는 일이 없도록 하기 위해 자신을 심어야 한다. 그 일을 해야 하고 그렇게 할 때, 자신의 목적은 더 큰 목적이 되고 더 많이 수확하기 위해 자랄 수 있는 큰 땅을 얻게 된다.

그는 자신의 과거를 보았고 자신의 미래의 비전을 보았다. 그리고 준비, 파종, 성장과 수확이 그 자신의 이익만을 위한 것이 아님을 알게 되었다. 그가 거둔 수확은 그의 재능과 재주와 일과 삶의 열매로부터 이익을 얻은 모든 사람의 것이었다.

조슈아는 최고경영자가 제안한 두 가지 일에 대해 생각했다. 그는 여전히 어느 것을 선택할지 알지 못했다. 그 두 가지 선택은 모두 그를 다른 사람들의 선택에 차이를 만들도록 할 것이다. 두 가지 모두 그에게 계속해서 자라고 열매를 맺을 수 있는 더 큰 공간을 줄 것이다. 두 가지 선택 모두 그의 큰 목적을 나누고 살 수 있도록 할 것이다. 그는 결론을 내리려고 서두르지 않았다. 인내심을 가지고 자신이 올바른 결정을 내리도록 하는 신호를 기다릴 것이다. 그를 위해 정해진 길이 있다면 그 신호를 따라 결정을 내리고 그 길을 걸어가면 된다는 것을 그는 알고 있었다.

고속도로를 달리며 조슈아는 자신이 어느 쪽을 선택하든 계속해서 씨앗을 심을 것이라고 생각했다. 그 자신을 기르며 다른 이에게 더 큰 이익이 되게 하고 세상을 위해 더 큰 수확을 해서 다른 사람이 심을 더 많은 씨앗을 기르겠다고 생각했다. 왜냐하면 그가 수확 단계에 있다는 것이 성장을 멈추는 것은 아니기 때문이다. 더 많은 성장은 더 많은 열매를 가져다 줄 것이고 그것은 심을 수 있는 더 많은 씨앗이 된다. 농부인 폴처럼 그는 씨앗을 주는 사람이 되고 싶었다. 그는 자신의 목적을 찾는 사람들을 격려하고 그 사람들에게 씨앗을 건네고 싶었다. 조슈아는 라디오를 켜서 달마가 좋아하는 노래를 틀었고 달마는 그것이 마음에 들어 짖었다. 그는 달마를 보았다. "아가씨 어떻게 생각해? 나는 어떤 제안을 받아들여야 할까?" 달마는 귀를 쫑긋 세웠다. 달마는 답을 알고 있었고, 그에게 말을 하고 싶었지만 그럴 수가 없었다. 결국 삶에는 사람들이 스스로 풀어야만 하는 것이 있는 것이다.

끝!

삶은 당신에 관한 것이어야 한다.
그것이 당신이 중심이 되지 않는다면 당신은 여기 있을 수 없다.

- 당신은 우연히 온 것이 아니다.

- 당신이 이곳에 있는 데는 이유가 있다.

- 당신은 운명을 가지고 있다.

- 당신은 목적을 가지고 있다.

- 당신은 재능과 재주가 있다.

- 당신은 당신만이 그것을 할 수 있는 방식대로 그것을 하면 된다.

- 당신, 그리고 당신만이 당신의 흔적을 세상에 남길 수 있다.

삶은 당신보다 더 큰 것을 위해야만 한다.
그것을 위해 당신은 관계를 맺을 줄 알아야 한다.

- 사랑하기

- 멘토 되기

- 배우기

- 봉사하기

- 창조하기

- 함께 일하기

- 더 나은 것으로 바꾸기

당신을 넘어 더 큰 것을 위해 살아야 한다.

- 더 큰 목적을 위해
- 더 위대한 이유를 위해
- 당신의 유산이 되어줄 사람들을 위해

그것은 당신이 당신보다 훨씬 더 큰
무엇의 일부임을 아는 것이다.

- 당신은 우주에 살고 있다.
- 우주(Uni-verse)는 '하나의 노래'를 의미한다.
- 노래는 우연히 만들어지는 것이 아니다.
- 노래는 음의 배열 및 패턴을 구성해서 만들어진다.
- 그러므로 하나의 노래에는 창조자가 있기 마련이다.
- 당신은 창조자의 표현이다.
- 당신은 위대한 교향곡의 음이다.

그것은 모두 당신에 관한 것이다.

- 그것은 당신이 하나의 노래에 집중하기 위한 것이다.
- 그것은 당신이 맡은 부분에서 최선의 능력으로 연주하기 위한 것이다.
- 그것은 다른 사람들을 끌어올리기 위한 것이다.
- 그것은 신이 당신을 만든 목적대로 사는 것이다.
- 그것은 창조자가 그 노래를 하나로 만들기 위한 것이다.

삶은 당신에 관한 것이어야 하고
당신이 무엇을 할지는 당신에게 달려 있다.

# 삶의 열정과 행복 찾기

안녕하세요. 존 고든입니다.

저는 우리가 존재하는 데에는 이유가 있다는 믿음에서 이 책을 쓰게 되었습니다. 삶에는 보다 큰 목적이 있습니다. 그 목적을 찾고 나누어야 합니다. 삶에 대한 열정과 기쁨은 인생을 의미 있고 보람되고 즐겁게 합니다. 약 10년 전 제 자신에게 했던 질문이 떠오릅니다.

'나는 왜 이 세상에 존재할까?'
'내가 존재하는 목적은 무엇일까?'

이러한 질문들이 현재 작가이자 강연가인 저를 만들었습니다. 각종 연구 결과는 물론이고, 저의 인생을 통해 깨달은 것은 자신이 가진 재능이나 능력을 나를 넘어선, 더 큰 목적을 위해 사용할 때 더욱 더 열정적인 삶을 살게 된다는 것입니다. 저는 제가 드리는 메시지를 통해 여러분 모두가 삶에 대한 더 큰 목적을 찾을 수 있을 것이라고 생각합니다. 한번은 제가 버스 운전기사 모임에 강연을 갔었습니다. 강연이 끝나고 어느 기사분이 저에게 오시더니 말씀하셨습니다.

"저는 버스를 몰고 매일 교회 앞을 지납니다. 제가 버스 기사를 하게 된 것은 돈과 의료보험 혜택 때문이었죠. 그런데 몇 년이 지나자 재미있는 사실을 발견했습니다. 제가 사람들의 인생에 영향을 미치는 사람이 되었다는 거죠. 버스를 몰고 교회 앞을 지나는 버스 기사일 뿐인데 말입니다."

그 기사님의 말씀은 저에게 소중한 교훈을 주었습니다. 높은 지위에 올라야만 사람들에게 영향을 줄 수 있는 것이 아닙니다. 자신의 역할을 수행하는 일상을 통해 삶의 열정과 목적을 이룰 수 있습니다.

린든 존슨 대통령에 관련된 인상적인 이야기가 있습니다. 한번은 린든 존슨 대통령이 나사(NASA)를 방문했다고 합니다. 비바람 속에서 청소를 하고 있는 청소부를 보고 존슨 대통령이 말했습니다.

"나는 당신처럼 자신의 일에 긍지를 가진 사람을 보지 못했소. 당신은 내가 본 청소부 중 최고의 청소부입니다."

그러자 그 청소부가 대통령을 돌아보며 말했다고 합니다.

"저는 단순한 청소부가 아닙니다. 인간이 달에 가도록 돕고 있습니다."

그는 비록 나사에서 복도와 바닥을 닦는 청소부였지만 인간이 달에 가는데 기여한다는 삶의 보다 큰 목적을 찾은 겁니다. 우리들 개개인 역시 삶에 대한 더 큰 목적을 찾을 수 있습니다. 세상을 위한 나의 작은 봉사는 더 큰 봉사의 기회를 갖게 합니다.

저는 우리 모두에게 궁극적인 삶의 목적이 있다고 생각합니다. 우리 삶의 궁극적인 목적은 세상에 기여하고자 하는 소망과 삶의 변화를 만들어 내려는 작은 씨앗으로부터 시작합니다. 만약 당신이 자신의 일터와 가정생활, 가족과 지역 사회에 봉사하고 변화를 이룬다면 세상을 위해 기여할 수 있는 더 큰 기회를 갖게 될 것이며 삶의 목적 또한 커질 것입니다.

저는 여러분이 이 책을 통해 삶의 목적을 찾았으면 합니다. 그리고 그러한 삶의 목적을 다른 사람들과 공유하며 주변 사람들과 우리가 살고 있는 이 세상은 물론 무엇보다도 당신 자신을 이롭게 할 행복의 열매를 수확하시기 바랍니다.

## Book Club Week
# 1주차

북클럽에 오신 것을 환영합니다. 이 북클럽에는 책에서 소개된 내용과 원리를 반영하여 당신은 물론 당신이 속한 팀, 조직, 그룹, 학교를 돕기 위해 특별히 고안된 자료가 있습니다. 이 북클럽이 책의 내용을 더 의미 있게 전달하는 것은 물론, 자신이 하는 일에 열정과 목적을 가질 수 있도록 여러분에게 자극을 줄 수 있기를 바랍니다. 그럼 책 이야기로 돌아가 볼까요.

책의 첫 부분을 보면 조시는 직장 상사로부터 주의를 받습니다. 그리고 그가 과연 진심으로 열정을 다해 현재 자신의 일을 원하는가를 생각해 볼 수 있는 2주간의 유급휴가를 받습니다. 조시가 현재 자신의 일에 열정을 잃은 상태라는 것을 주변 동료들은 물론 그의 직장 상사도 알고 있는 것입니다.

그럼 이제 당신 자신의 일에 대한 열정을 생각해 보십시오. 당신은 현재의 직업에 얼마나 열정을 가지고 있습니까? 열정을 1에서 10으로 볼 때 당신의 열정의 정도는 몇 입니까? 그럼 이 문제에 대해 토의 한 후, 다시 다른 질문으로 넘어 가겠습니다.

 **질문 1** 1부터 10의 범위에서 당신의 열정지수는 얼마입니까?

_____

_____

그럼 다른 질문에 대해 생각해 보도록 하겠습니다. 당신은 조시의 입장이 되어 생각해 볼 수 있습니까? 한때 열정적이었던 당신이 그 열정을 잃었다면 어떨까요?

**질문 2** 당신은 일에 대한 지난날의 열정을 잃었습니까?

_____

_____

_____

만약 일에 대한 열정을 잃었다면 그 이유는 무엇 때문입니까?

_____

_____

_____

 어떻게 하면 일에 대한 열정지수를 높일 수 있을까요? 책을 읽은 후, 어떻게 하면 당신의 일에 대한 열정지수를 높일 수 있을지에 관한 좋은 아이디어가 있습니까? 아직 열정이 있다면, 어떻게 더 열정적으로 일할 수 있을까요? 만약 당신이 아직 일에 대한 열정을 잃지 않은 상태라면, 어떻게 해야 지금보다 더 열정적으로 일할 수 있을까요?

_____

_____

_____

북클럽 첫째 주는 여기까지입니다. 회원들과의 솔직한 대화와 깊이 있는 토론을 통해 여러분의 일과 인생에 대한 열정과 삶의 목적에 대해 다시 한 번 생각해볼 수 있는 좋은 시간이 되셨으면 합니다. 다음 주에 뵙겠습니다.

**Book Club Week**

# 2주차

북클럽 모임에 다시 오신 것을 환영합니다. 이번 시간에는 조시가 앞으로의 방향을 설정하기 위해 자신의 과거 행로를 되짚어 보는 부분에 대해 함께 생각해 보고자 합니다. 조시가 예전에 살던 집, 대학 그리고 자신이 한때 일했던 식당 같은 장소를 찾아가는 그 부분, 기억나십니까? 이렇게 과거에 자신이 행복을 느꼈던 장소와 그곳에 관한 기억을 떠올리면서 조시는 몰랐던 자신에 대해 깨닫습니다. 그럼 이제 여러분도 자신의 과거에 대해 생각해 보십시오. 그리고 다음의 질문에 답을 해보십시오. 언제 가장 행복했습니까? 그때 왜 행복했습니까?

**질문 1** 언제 가장 행복했으며 그 이유는 무엇입니까?

_____

_____

_____


**질문 2** 과거 만족했던 직업 세 가지와 그 이유는 무엇 때문입니까?

_____

_____

_____


**질문 3** 성장하며 느끼는 당신의 강점이나 선천적 혹은 후천적 재능은 무엇입니까?

_____

_____

_____

**질문 4** 당신은 지금 과거에 비해 더 행복합니까?

_____

_____

_____


**질문 5** 과거 직업의 장점을 지금의 일에도 적용하고 있습니까? 그렇거나 그렇지 않은 이유는 무엇입니까?

_____

_____

_____


**질문 6** 당신이 가진 장점이나 재능을 현재의 일에 사용하고 있습니까? 그렇거나 그렇지 않은 이유는 무엇입니까?

_____

_____

_____

**질문 7** 당신의 장점이나 재능을 현재의 일에 사용하고 있지 않다면, 사용할 수 있는 기회가 없어서입니까?

_____

_____

_____

**질문 8** 어떻게 하면 당신이 업무에 두각을 나타낼 수 있을까요? 현재의 일과 연관하여 생각해 보십시오.

_____

_____

_____

둘째 주의 내용은 여기까지입니다. 다음 주에 뵙겠습니다.

## Book Club Week
# 3주차

북클럽에 오신 것을 환영합니다. 이번이 세 번째 모임입니다. 오늘은 조시가 농부를 만나는 부분으로 곧바로 들어가겠습니다. 농부는 목적을 가질 수 있는 네 단계를 제시합니다.

여기서 잠깐 제 경험담을 들려드리겠습니다. 제가 이 책을 반정도 완성했을 때, 갑자기 더 이상 쓸 수가 없었습니다. 소위 말하는 글길이 막힌 것입니다. 〈에너지버스〉나 〈트레이닝캠프〉 등을 집필하면서 한 번도 글길이 막혀본 경험이 없었는데 처음 경험한 것입니다. 정말 어떻게 해야 할지 몰랐습니다. 그러던 어느 날 밤, 잠에서 깼는데 목적을 찾는 네 가지 단계가 떠올랐습니다. 그냥 불현 듯 생각이 떠오른 것입니다. 그리고 그 이후 책을 물 흐르듯

다시 집필할 수 있었습니다. 그래서 오늘은 목적을 찾는 네 가지 단계에 대해 생각해 보겠습니다.

여러분은 모든 사람들이 삶의 목적을 찾고 공유하기 위해 겪게 되는 네 가지 단계에 대해 동의하시는지 궁금합니다. 지금부터 잘 생각해 보시고 그 내용에 대해 토론해 보십시오.

**질문 1** 당신은 모든 사람들이 삶의 목적을 찾기 위해 네 가지 단계를 거친다는데 동의하십니까?

_____

_____

_____

**질문 2** 그 네 가지 단계 중 현재 당신은 어느 단계에 있으며, 그렇게 생각하는 이유는 무엇입니까?

_____

_____

_____

**질문 3** 현재 당신이 속한 단계에서 직면한 문제점은 무엇입니까?

_____

_____

_____


**질문 4** 책을 읽은 후, 당신이 직면한 문제점을 극복할 방법을 알아냈습니까?

_____

_____

_____


셋째 주의 내용은 여기까지입니다. 회원들과의 대화와 토론을 통해 충분히 생각해 보시길 바랍니다. 다음 주 마지막 모임에서 다시 뵙겠습니다.

**Book Club Week**
# 4주차

북클럽 마지막 모임에 오신 것을 환영합니다. 여러분의 마음속에 책의 교훈을 늘 간직하시길 바라는 마음으로 모임을 마무리하기 위한 몇 가지 총괄적인 질문을 하겠습니다.

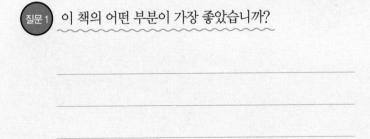

질문 1 이 책의 어떤 부분이 가장 좋았습니까?

**질문 2** 이 책을 읽고 자신에 대해 알게 된 것은 무엇입니까?

_____

_____

_____

**질문 3** 이 책이 당신의 생각을 변화시켰다면, 어떤 생각의 변화가 일어났습니까?

_____

_____

_____

**질문 4** 이 책으로 인해 당신이 실행하게 될 내용은 무엇입니까?

_____

_____

_____

이 책으로 인해 당신이 행동으로 옮길 내용은 무엇입니까?

_____

_____

_____

 당신은 어떻게 달라질 것입니까?

_____

_____

_____

북클럽은 여기까지입니다. 지금까지 참여해 주셔서 감사합니다. 저는 여러분이 이 책을 재미있게 읽으셨기를 바라고, 북클럽에서의 토론 또한 즐거우셨으면 합니다. 무엇보다도 저는 이 책이 여러분의 긍정적인 변화를 이끌어 내는데 많은 영향을 주었기를 바랍니다.

우리는 누구나 스스로를 돌아보고 타인을 위해 봉사할 수 있는 내 자신의 변화를 이끌어 낼 수 있는 기회를 가지고 있습니다.
어렵고 대단해 보이는 그 어떠한 행동도 사실은 작은 씨앗으로부
터 출발하여 그러한 위대한 결실을 거두게 된 것입니다. 저는 이
북클럽이 여러분에게 지금 곧 나만의 소중한 씨앗을 심는데 많은
자극과 영향을 주는 시간이 되었기를 바랍니다. 저는 이 북클럽
활동으로 인해 당신과 당신의 주변사람들이 어떤 영향을 받았고,
변화했는지에 대해 늘 귀 기울이고 있습니다.